SV

Band 1337 der Bibliothek Suhrkamp

Weil im Zentrum des dichterischen Werks von Konstantinos Kavafis (1863–1933), Begründer der modernen griechische Dichtung, gleichberechtigt neben den Liebesgedichten die historischen Gedichte stehen, tritt neben *Um zu bleiben*, den erfolgreichen Band mit Liebeslyrik (BS 1020; Radierungen von David Hockney), eine Auswahl der historischen Gedichte – wiederum in Übertragungen von Michael Schroeder.
In den historischen Gedichten umkreist Kavafis, der in Konstantinopel und Alexandria lebte, Betrug und Täuschung, Fallen und tapferes Ausharren, Angst und Vermessenheit, stolze Erwartung und vergebliche Mühe – den sicheren, nie aber konkret absehbaren Untergang des Bestehenden. Die Dramaturgie der Personen und Ereignisse ist dicht, auf der Bühne befinden sich die hellenistische Welt und das sterbende Byzanz, Kleinasien, Syrien, Ägypten, der »melting pot« des östlichen Mittelmeers, die Zentren des Durcheinanders: Alexandria, Antiochia, Konstantinopel. Nicht Sternstunden der Geschichte, sondern den vergänglichen Augenblick hält Kavafis fest. Illusionslos, ohne Klage, mit melancholischer Ironie umfahren seine Gedichte die persönliche Wunde: den unwiederbringlichen Verlust einer großen Vergangenheit.

Konstantinos Kavafis
Gefärbtes Glas

Historische Gedichte
Griechisch und Deutsch
Übersetzung und Nachwort
von Michael Schroeder
Mit Abbildungen

Suhrkamp Verlag

Erste Auflage dieser Ausgabe 2023

Umschlaggestaltung nach Entwürfen
von Willy Fleckhaus
Druck: Books on Demand GmbH, Norderstedt
Printed in Germany
ISBN 978-3-518-24310-7

www.suhrkamp.de

Gefärbtes Glas

»Bedenke, daß die menschlichen Verhältnisse insgesamt unbeständig sind . . .«

»Griechen nennen wir nicht nur die Menschen, die unseres Blutes sind, sondern auch diejenigen, die nach unseren Sitten leben.«

Isokrates (436-338 v. Chr.)

ΦΩΝΕΣ

Ἰδανικὲς φωνὲς κι ἀγαπημένες
ἐκείνων ποὺ πεθάναν, ἢ ἐκείνων ποὺ εἶναι
γιὰ μᾶς χαμένοι σὰν τοὺς πεθαμένους.

Κάποτε μὲς στὰ ὄνειρά μας ὁμιλοῦνε·
κάποτε μὲς στὴν σκέψι τὲς ἀκούει τὸ μυαλό.

Καὶ μὲ τὸν ἦχο των γιὰ μιὰ στιγμὴ ἐπιστρέφουν
ἦχοι ἀπὸ τὴν πρώτη ποίησι τῆς ζωῆς μας –
σὰ μουσική, τὴν νύχτα, μακρυνή, ποὺ σβύνει.

STIMMEN

Stimmen aus Vorstellung, geliebte,
Jener die gestorben oder wie gestorben,
Da verloren sind.

Manchmal, im All unserer Träume, sprechen sie,
In unserer Gedanken Hohl, manchmal, hört sie das Hirn.

Und mit ihrem Klang, wie Sternschnuppenflug, kehrt
Unseres Lebens frühester Versklang zurück –
Wie Musik, nächtliche, weit weg, dort verlöschend.

ΑΠΙΣΤΙΑ

Πολλὰ ἄρα Ὁμήρου ἐπαινοῦντες, ἀλλὰ τοῦτο
οὐκ ἐπαινεσόμεθα . . . . οὐδὲ Αἰσχύλου, ὅταν φῇ ἡ
Θέτις τὸν Ἀπόλλω ἐν τοῖς αὐτῆς γάμοις ᾄδοντα
»ἐνδατεῖσθαι τὰς ἑὰς εὐπαιδίας,
νόσων τ' ἀπείρους καὶ μακραίωνας βίους.
Ξύμπαντά τ' εἰπὼν θεοφιλεῖς ἐμὰς τύχας
παιῶν' ἐπευφήμησεν, εὐθυμῶν ἐμέ.
Κἀγὼ τὸ Φοίβου θεῖον ἀψευδές στόμα
ἤλπιζον εἶναι, μαντικῇ βρύον τέχνῃ:
Ὁ δ', αὐτὸς ὑμνῶν, ...
. . . . αὐτός ἐστιν ὁ κτανὼν
τὸν παῖδα τὸν ἐμόν.«

Πλάτων, Πολιτείας Β'

Σὰν πάντρευαν τὴν Θέτιδα μὲ τὸν Πηλέα
σηκώθηκε ὁ Ἀπόλλων στὸ λαμπρὸ τραπέζι
τοῦ γάμου, καὶ μακάρισε τοὺς νεονύμφους
γιὰ τὸν βλαστὸ ποὺ θἄβγαινε ἀπ' τὴν ἕνωσί των.
Εἶπε· Ποτὲ αὐτὸν ἀρρώστια δὲν θἀγγίξει
καὶ θἄχει μακρυνὴ ζωή. – Αὐτὰ σὰν εἶπε,
ἡ Θέτις χάρηκε πολύ, γιατὶ τὰ λόγια
τοῦ Ἀπόλλωνος ποὺ γνώριζε ἀπὸ προφητεῖες
τὴν φάνηκαν ἐγγύησις γιὰ τὸ παιδί της.
Κι ὅταν μεγάλωνεν ὁ Ἀχιλλεύς, καὶ ἦταν
τῆς Θεσσαλίας ἔπαινος ἡ ἐμορφιά του,
ἡ Θέτις τοῦ θεοῦ τὰ λόγια ἐνθυμοῦνταν.
Ἀλλά μιὰ μέρα ἦλθαν γέροι μὲ εἰδήσεις,
κ' εἶπαν τὸν σκοτωμὸ τοῦ Ἀχιλλέως στὴν Τροία.
Κ' ἡ Θέτις ξέσχιζε τὰ πορφυρά της ροῦχα,
κ' ἔβγαζεν ἀπὸ πάνω της καὶ ξεπετοῦσε
στὸ χῶμα τὰ βραχιόλια καὶ τὰ δαχτυλίδια.

TREULOS

Wenn wir also noch soviel an Homer loben, so wollen wir doch das nicht loben ... noch von Aischylos, wenn Thetis sagt, Apollon habe singend bei ihrer Hochzeitsfeier gepriesen:

> *»ihr schönes Mutterglück, der Söhne krankheitsloses spätes Lebensziel. Und dies gesagt bekräftigt sein Päan zuletzt mein gottbegünstigt Schicksal, mich ermutigend. Da hofft ich, truglos werde Phoibos' Göttermund mir sein, der kunstreich Weissagungen sprudelnde. Er aber selbst, der Sänger, ... ist selber nun des Sohnes Mörder.«*

Platon, Politeia II, 383 b-c

Man feiert Hochzeit: Thetis und Peleus
Werden Mann und Frau. Apollon erhebt sich
Von der reichgedeckten Tafel der Vermählten
Und preist die jungen Eheleute selig
Wegen des Sprosses, der aus ihrer Vereinigung zu erwarten sei.
Spricht er: Krankheit berühre ihn nie,
Und lange währe sein Leben! – Als er das sagt,
Freut sich Thetis sehr, da Worte
Von Apollon, so weiß sie, Prophetenworte sind,
Der heilen Zukunft ihres Kindes.
Achill wuchs auf, und ganz Thessalien
War voll von seiner Schönheit
Und Thetis ganz Erinnerung der Worte des Gottes.
Dann, eines Tages, kamen alte Männer
Mit Botschaft, sprachen vom Tod
Achills vor Troja.
Und Thetis riß ihr Purpurkleid in Fetzen,

Καὶ μὲς στὸν ὀδυρμό της τά παληὰ θυμήθη·
καὶ ρώτησε τί ἔκαμνε ὁ σοφὸς Ἀπόλλων,
ποῦ γύριζεν ὁ ποιητὴς ποὺ στὰ τραπέζια
ἔξοχα ὁμιλεῖ, ποῦ γύριζε ὁ προφήτης
ὅταν τὸν υἱό της σκότωναν στὰ πρῶτα νειάτα.
Κ' οἱ γέροι τὴν ἀπήντησαν πὼς ὁ Ἀπόλλων
αὐτὸς ὁ ἴδιος ἐκατέβηκε στὴν Τροία,
καὶ μὲ τοὺς Τρῶας σκότωσε τὸν Ἀχιλλέα.

Warf Armreifen und Ringe von sich auf die Erde.
Zutiefst in ihrem Leid kam alte Erinnerung:
Und fragte, was der weise Apollon tat,
Wo war der Dichter, der an Festtafeln
So schöne Worte sprach? Wo war denn der Prophet,
Als sie ihrem Sohn den Tod gaben in seiner Jugendblüte?
Antworteten die alten Männer, daß Apoll,
genau derselbe, hinabgestiegen war nach Troja
Und mit den Trojanern tötete Achill.

ΤΡΩΕΣ

Εἶν' ἡ προσπάθειές μας, τῶν συφοριασμένων·
εἶν' ἡ προσπάθειές μας σὰν τῶν Τρώων.
Κομμάτι κατορθώνουμε· κομμάτι
παίρνουμ' ἐπάνω μας· κι ἀρχίζουμε
νἄχουμε θάρρος καὶ καλὲς ἐλπίδες.

Μὰ πάντα κάτι βγαίνει καὶ μᾶς σταματᾶ.
Ὁ Ἀχιλλεὺς στὴν τάφρον ἐμπροστά μας
βγαίνει καὶ μὲ φωνὲς μεγάλες μᾶς τρομάζει. –

Εἶν' ἡ προσπάθειές μας σὰν τῶν Τρώων.
Θαρροῦμε πὼς μὲ ἀπόφασι καὶ τόλμη
θ' ἀλλάξουμε τῆς τύχης τὴν καταφορά,
κ' ἔξω στεκόμεθα ν' ἀγωνισθοῦμε.

Ἀλλ' ὅταν ἡ μεγάλη κρίσις ἔλθει,
ἡ τόλμη κ' ἡ ἀπόφασίς μας χάνονται·
ταράττεται ἡ ψυχή μας, παραλύει·
κι ὁλόγυρα ἀπ' τὰ τείχη τρέχουμε
ζητώντας νὰ γλυτώσουμε μὲ τὴν φυγή.

Ὅμως ἡ πτῶσις μας εἶναι βεβαία. Ἐπάνω,
στὰ τείχη, ἄρχισεν ἤδη ὁ θρῆνος.
Τῶν ἡμερῶν μας ἀναμνήσεις κλαῖν κ' αἰσθήματα.
Πικρὰ γιὰ μᾶς ὁ Πρίαμος κ' ἡ Ἑκάβη κλαῖνε.

TROER

Unsere Mühen sind die von Stürzenden.
Wir mühen uns wie die Troer.
Stückwerk gelingt uns; Bruchmauern
Richten wir über uns auf, fangen an,
Uns selbst zu vertrauen und guter Hoffnung zu sein.

Immer drängt uns etwas vom Weg und bringt uns zum Stehen.
Aus seinem Graben stürmt Achill
Vor und erschreckt uns mit lauter Stimme.

Wir mühen uns wie die Troer.
Glauben, entschlossen und mutig,
Uns der Schläge des Schicksals erwehren zu können.
Wir stellen uns draußen auf und wollen kämpfen.

Doch wenn der große Kampf kommt,
Sind wir verlassen von Wagemut und Entschlossenheit.
Angstgeschüttelt und starr ist unser Herz.
Wir laufen um die Mauern
Und suchen das Heil in der Flucht.

Und trotzdem fallen wir ganz gewiß. Droben auf den Zinnen
Hat schon die Totenklage begonnen,
Weint die Erinnerung unserer Tage, weinen die Gefühle.
Bitter weinen um uns Hekabe und Priamos.

ΤΑ ΑΛΟΓΑ ΤΟΥ ΑΧΙΛΛΕΩΣ

Τὸν Πάτροκλο σὰν εἶδαν σκοτωμένο,
ποὺ ἦταν τόσο ἀνδρεῖος, καὶ δυνατός, καὶ νέος,
ἄρχισαν τ' ἄλογα νὰ κλαῖνε τοῦ Ἀχιλλέως·
ἡ φύσις των ἡ ἀθάνατη ἀγανακτοῦσε
γιὰ τοῦ θανάτου αὐτὸ τὸ ἔργον ποὺ θωροῦσε.
Τίναζαν τὰ κεφάλια των καὶ τὲς μακρυὲς χαῖτες κουνοῦσαν,
τὴν γῆ χτυποῦσαν μὲ τὰ πόδια, καὶ θρηνοῦσαν
τὸν Πάτροκλο ποὺ ἐνοιώθανε ἄψυχο – ἀφανισμένο –
μιὰ σάρκα τώρα ποταπή – τὸ πνεῦμα του χαμένο –
ἀνυπεράσπιστο – χωρὶς πνοή –
εἰς τὸ μεγάλο Τίποτε ἐπιστραμένο ἀπ' τὴν ζωή.

Τὰ δάκρυα εἶδε ὁ Ζεὺς τῶν ἀθανάτων
ἀλόγων καὶ λυπήθη. »Στοῦ Πηλέως τὸν γάμο«
εἶπε »δὲν ἔπρεπ' ἔτσι ἄσκεπτα νὰ κάμω·
καλλίτερα νὰ μὴν σᾶς δίναμε, ἄλογά μου
δυστυχισμένα! Τί γυρεύατ' ἐκεῖ χάμου
στὴν ἄθλια ἀνθρωπότητα ποὖναι τὸ παίγνιον τῆς μοίρας.
Σεῖς ποὺ οὐδὲ ὁ θάνατος φυλάγει, οὐδὲ τὸ γῆρας
πρόσκαιρες συμφορὲς σᾶς τυραννοῦν. Στὰ βάσανά των
σᾶς ἔμπλεξαν οἱ ἄνθρωποι.« – Ὅμως τὰ δάκρυά των
γιὰ τοῦ θανάτου τὴν παντοτινὴ
τὴν συμφορὰν ἐχύνανε τὰ δυὸ τὰ ζῶα τὰ εὐγενῆ.

Bronzener Schild

ACHILLS PFERDE

Patroklos,
So mannhaft und kraftvoll und jung,
Sahen sie tot
Und begannen zu weinen, die Pferde Achills.
Unsterblich, empörte sich
Wider dies Werk des Todes ihre Natur.
Empor rissen sie ihre Köpfe, schüttelten ihre langen Mähnen,
Prügelten die Erde mit ihren Hufen und bejammerten
Patroklos, den sie ohne Leben fanden – ausgelöscht –
Gemeines Fleisch jetzt – seiner Seele beraubt –
Ungeschützt – ohne Atem –
Zurückgekehrt in das große Nichts aus dem Leben.

Zeus
Sah die Tränen der unsterblichen Pferde,
Und sie taten ihm leid. Er sprach:
»Auf der Hochzeit des Peleus hätte ich nicht
Ohne Verstand so handeln sollen!
Hätte euch besser nicht verschenkt, meine
Unglücklichen Pferde! Was sucht ihr dort,
Unter elenden Menschen, Spielzeugen des Schicksals?
Euch, denen kein Tod noch das Altwerden
Droht, quält zeitliches Leid. In ihre Pein
Haben die Menschen euch verflochten.« – Trotzdem:
Tränen über das ewige Unglück des Todes
Vergossen zwei edle Tiere.

ΘΕΡΜΟΠΥΛΕΣ

Τιμὴ σ' ἐκείνους ὅπου στὴν ζωή των
ὥρισαν καὶ φυλάγουν Θερμοπύλες.
Ποτὲ ἀπὸ τὸ χρέος μὴ κινοῦντες·
δίκαιοι κ' ἴσιοι σ' ὅλες των τὲς πράξεις,
ἀλλὰ μὲ λύπη κιόλας κ' εὐσπλαχνία·
γενναῖοι ὁσάκις εἶναι πλούσιοι, κι ὅταν
εἶναι πτωχοί, πάλ' εἰς μικρὸν γενναῖοι,
πάλι συντρέχοντες ὅσο μποροῦνε·
πάντοτε τὴν ἀλήθεια ὁμιλοῦντες,
πλὴν χωρὶς μῖσος γιὰ τοὺς ψευδομένους.

Καὶ περισσότερη τιμὴ τοὺς πρέπει
ὅταν προβλέπουν (καὶ πολλοὶ προβλέπουν)
πὼς ὁ Ἐφιάλτης θὰ φανεῖ στὸ τέλος,
κ' οἱ Μῆδοι ἐπὶ τέλους θὰ διαβοῦνε.

Stele eines »Waffenläufers«

THERMOPYLEN

Ehre sei denen, die mit ihren Leben
Thermopylen hielten und schützen.
Ihrem Stern nie entkommen.
Gerade und Rechte in aller Tat.
Aber voll Nachsicht doch und Erbarmen.
Hochherzig als Reiche, als Arme
Hochherzig im kleinen,
Beistehend, soviel sie vermögen.
Wann immer sie Wahrheit sprechen,
Doch ohne Haß auf die, die lügen.

Größere Ehre ihnen, wenn sie
Vorhersehen (und viele sehen vorher),
Daß Ephialtes schließlich naht
Und daß am Ende die Meder durchbrechen.

ΣΤΑ 200 Π.Χ.

»Ἀλέξανδρος Φιλίππου
καὶ οἱ Ἕλληνες πλὴν Λακεδαιμονίων« –

Μποροῦμε κάλλιστα νὰ φαντασθοῦμε
πὼς θ' ἀδιαφόρησαν παντάπασι στὴν Σπάρτη
γιὰ τὴν ἐπιγραφὴν αὐτή. »Πλὴν Λακεδαιμονίων«,
μὰ φυσικά. Δὲν ἦσαν οἱ Σπαρτιᾶται
γιὰ νὰ τοὺς ὁδηγοῦν καὶ γιὰ νὰ τοὺς προστάζουν
σὰν πολυτίμους ὑπηρέτας. Ἄλλωστε
μιὰ πανελλήνια ἐκστρατεία χωρὶς
Σπαρτιάτη βασιλέα γι' ἀρχηγὸ
δὲν θὰ τοὺς φαίνονταν πολλῆς περιωπῆς.
Ἆ βεβαιότατα »πλὴν Λακεδαιμονίων«.

Εἶναι κι αὐτὴ μιὰ στάσις. Νοιώθεται.

Ἔτσι, πλὴν Λακεδαιμονίων στὸν Γρανικό·
καὶ στὴν Ἰσσὸ μετά· καὶ στὴν τελειωτικὴ
τὴν μάχη, ὅπου ἐσαρώθη ὁ φοβερὸς στρατὸς
ποὺ στ' Ἄρβηλα συγκέντρωσαν οἱ Πέρσαι·
ποὺ ἀπ' τ' Ἄρβηλα ξεκίνησε γιὰ νίκην, κ' ἐσαρώθη.

Κι ἀπ' τὴν θαυμάσια πανελλήνιαν ἐκστρατεία,
τὴν νικηφόρα, τὴν περίλαμπρη,
τὴν περιλάλητη, τὴν δοξασμένη
ὡς ἄλλη δὲν δοξάσθηκε καμιά,
τὴν ἀπαράμιλλη: βγήκαμ' ἐμεῖς·
ἑλληνικὸς καινούριος κόσμος, μέγας.

Alexander der Große in der Schlacht von Gaugamela

»Alexander, Sohn Philipps, und die Griechen ohne Spartaner«

Wir können uns durchaus vorstellen, daß Alexanders
Weiheinschrift Spartaner seinerzeit
Nicht im entfernten rührte:
»Ohne Spartaner« verstand sich von selbst.
Spartaner waren nicht aus solchem Holz,
Anweisungen und Befehle hinzunehmen
Wie teure Knechte.
Zudem, so schien ihnen,
War ein Kriegszug aller Griechen
Ohne einen königlichen Führer aus Sparta
Völlig sinnlos.
Dann ganz gewiß »ohne Spartaner«!

Ein Standpunkt – verständlich.

Ohne Spartaner also zum Granikos
Und in die Keilerei bei Issos
Und zur Entscheidungsschlacht,
In der das Schreckensheer vernichtet wurde,
Das die Perser bei Arbela sammelten:
Und das dann aufbrach von Arbela, um zu siegen,
Und das ganz aufgerieben wurde.

Dies Wunder eines Feldzugs aller Griechen,
Der siegreich und brillant,
Gerühmt und hochgefeiert
Wie nie ein andrer hernach:
Dies Wunder wurde unsere Geburt,
unsere Geburt,
Der großen, hellenisch neuen Welt.

Ἐμεῖς· οἱ Ἀλεξανδρεῖς, οἱ Ἀντιοχεῖς,
οἱ Σελευκεῖς, κ' οἱ πολυάριθμοι
ἐπίλοιποι Ἕλληνες Αἰγύπτου καὶ Συρίας,
κ' οἱ ἐν Μηδίᾳ, κ' οἱ ἐν Περσίδι, κι ὅσοι ἄλλοι.

Μὲ τὲς ἐκτεταμένες ἐπικράτειες,
μὲ τὴν ποικίλη δρᾶσι τῶν στοχαστικῶν προσαρμογῶν.
Καὶ τὴν Κοινὴν Ἑλληνικὴ Λαλιὰ
ὣς μέσα στὴν Βακτριανὴ τὴν πήγαμεν, ὣς τοὺς Ἰνδούς.

Γιὰ Λακεδαιμονίους νὰ μιλοῦμε τώρα!

Wir: Alexandrinische, Antiochenische,
Seleukidische und zahlreiche
Griechen in Ägypten,
Syrien, Medien, dann die in Persien;
Und viele andere mehr,
In ausgedehnten Reichen, mit der Wirkung
Behutsam verwandelnder Macht.
Gemeinsam allen unsere Zunge: Griechisch.
Die Sprache trugen wir bis Baktrien, bis zu den Indern.

Über Spartaner jetzt noch reden?

Η ΜΑΧΗ ΤΗΣ ΜΑΓΝΗΣΙΑΣ

Ἔχασε τὴν παληά του ὁρμή, τὸ θάρρος του.
Τοῦ κουρασμένου σώματός του, τοῦ ἄρρωστου

σχεδόν, θἄχει κυρίως τὴν φροντίδα. Κι ὁ ἐπίλοιπος
βίος του θὰ διέλθει ἀμέριμνος. Αὐτὰ ὁ Φίλιππος

τουλάχιστον διατείνεται. Ἀπόψι κύβους παίζει·
ἔχει ὄρεξι νὰ διασκεδάσει. Στὸ τραπέζι

βάλτε πολλὰ τριαντάφυλλα. Τί ἂν στὴν Μαγνησία
ὁ Ἀντίοχος κατεστράφηκε. Λένε πανωλεθρία

ἔπεσ' ἐπάνω στοῦ λαμπροῦ στρατεύματος τὰ πλήθια.
Μπορεῖ νὰ τὰ μεγάλωσαν· ὅλα δὲν θἆναι ἀλήθεια.

Εἴθε. Γιατὶ ἀγκαλὰ κ' ἐχθρός, ἦσανε μιὰ φυλή.
Ὅμως ἕνα »εἴθε« εἶν' ἀρκετό. Ἴσως κιόλας πολύ.

Ὁ Φίλιππος τὴν ἑορτὴ βέβαια δὲν θ' ἀναβάλει.
Ὅσο κι ἂν στάθηκε τοῦ βίου του ἡ κόπωσις μεγάλη,

ἕνα καλὸ διατήρησεν, ἡ μνήμη διόλου δὲν τοῦ λείπει.
Θυμᾶται πόσο στὴν Συρία θρήνησαν, τί εἶδος λύπη

εἶχαν, σὰν ἔγινε σκουπίδι ἡ μάνα των Μακεδονία. –
Ν' ἀρχίσει τὸ τραπέζι. Δοῦλοι· τοὺς αὐλούς, τὴ φωταψία.

Antiochos III. von Syrien

Seine alte Kraft ist dahin; seine Beharrlichkeit.
Sein mürber, kränkelnder Leib

Ist seine einzige Sorge, und sorgenlos
Will er den Rest seines Lebens verbringen.

Sagt Philippos von sich. Heut abend wird gewürfelt!
Der Sinn steht ihm nach Zerstreuung. Und auf den Tisch

Streut viele Rosen! Was will es schon heißen, wenn bei Magnesía
Antiochos unterging. Man meldet, fast das ganze

Glanzvoll gerüstete Heer wurde vernichtet.
Die Wahrheit kennt man noch nicht, mag sein, daß sie
übertreiben.

Wenn doch nur! Denn auch verfeindet, sind sie doch eines
Geschlechts.
Aber ein ›Wenn doch nur‹ reicht aus, ist mehr als genug.

Auf sein Fest wird Philippos niemals verzichten,
Wie tief auch vom Leben erschöpft.

Was ihn einzig noch hält: das nicht vergessen zu haben!
Er weiß noch genau, wie die Syrer Krokodilstränen
vergossen, erinnert sich

An die ›Große Trauer‹, als Mutter Makedonien versank im
Staub der Geschichte. –
Die Tafel ist eröffnet! Diener: Herbei mit Flöten und Fackeln!

ΠΡΟΣ ΤΟΝ ΑΝΤΙΟΧΟΝ ΕΠΙΦΑΝΗ

Ὁ νέος Ἀντιοχεύς εἶπε στὸν βασιλέα,
»Μὲς τὴν καρδιά μου πάλλει μιὰ προσφιλὴς ἐλπίς·
οἱ Μακεδόνες πάλι, Ἀντίοχε Ἐπιφανῆ,
οἱ Μακεδόνες εἶναι μὲς στὴν μεγάλη πάλη.
Ἂς ἦ τ α ν νὰ νικήσουν – καὶ σ' ὅποιον θέλει δίδω
τὸν λέοντα καὶ τοὺς ἵππους, τὸν Πᾶνα ἀπὸ κοράλλι,
καὶ τὸ κομψὸ παλάτι, καὶ τοὺς ἐν Τύρῳ κήπους,
κι ὅσ' ἄλλα μ' ἔχεις δώσει, Ἀντίοχε Ἐπιφανῆ.«

Ἴσως νὰ συγκινήθη κομμάτι ὁ βασιλεύς.
Μὰ πάραυτα θυμήθη πατέρα κι ἀδελφόν,
καὶ μήτε ἀπεκρίθη. Μποροῦσε ὠτακουστὴς
νὰ ἐπαναλάβει κάτι. – Ἄλλωστε, ὡς φυσικόν,
ταχέως ἐπῆλθε εἰς Πύδναν ἡ ἀπαισία λῆξις.

ZU ANTIOCHOS DEM PRÄCHTIGEN

Ein junger Antiochier   sprach zum König:
»Tief im Herzen trage ich   die eine süße Hoffnung:
Die Makedonen,   Antiochos, Prächtiger,
Die Makedonen   stünden wieder im großen Kampf.
Wenn sie nur siegten!   Hin gäbe ich, wem auch immer,
Den Löwen und die Pferde,   meinen Talisman aus Koralle,
Auch den luxuriösen Palast,   dazu die Gärten in Tyros.
All das, was du mir schenktest,   Antiochos, du Prächtiger.«

Ein wenig angerührt, vielleicht,   war der König,
Der augenblicklich an seinen   Vater und Bruder dachte
Und darauf nichts erwiderte.   Hätte wer zugehört,
Der hätte denunziert!   Doch erledigte sich alles von selbst:
Schnell folgte bei Pydna   das bittere »Aus«.

ΔΗΜΗΤΡΙΟΥ ΣΩΤΗΡΟΣ
(162-150 Π.Χ.)

Κάθε του προσδοκία βγῆκε λανθασμένη!

Φαντάζονταν ἔργα νὰ κάμει ξακουστά,
νὰ παύσει τὴν ταπείνωσι ποὺ ἀπ' τὸν καιρὸ τῆς μάχης
τῆς Μαγνησίας τὴν πατρίδα του πιέζει.
Νὰ γίνει πάλι κράτος δυνατὸ ἡ Συρία,
μὲ τοὺς στρατούς της, μὲ τοὺς στόλους της,
μὲ τὰ μεγάλα κάστρα, μὲ τὰ πλούτη.

Ὑπέφερε, πικραίνονταν στὴν Ρώμη
σὰν ἔνοιωθε στὲς ὁμιλίες τῶν φίλων του,
τῆς νεολαίας τῶν μεγάλων οἴκων,
μὲς σ' ὅλην τὴν λεπτότητα καὶ τὴν εὐγένεια
ποὺ ἔδειχναν σ' αὐτόν, τοῦ βασιλέως
Σελεύκου Φιλοπάτορος τὸν υἱὸ –
σὰν ἔνοιωθε ποὺ ὅμως πάντα ὑπῆρχε μιὰ κρυφὴ
ὀλιγωρία γιὰ τὲς δυναστεῖες τὲς ἑλληνίζουσες·
ποὺ ξέπεσαν, ποὺ γιὰ τὰ σοβαρὰ ἔργα δὲν εἶναι,
γιὰ τῶν λαῶν τὴν ἀρχηγία πολὺ ἀκατάλληλες.
Τραβιοῦνταν μόνος του, κι ἀγανακτοῦσε, κι ὄμνυε
ποὺ ὅπως τὰ θαρροῦν διόλου δὲν θἄναι·
ἰδοὺ ποὺ ἔχει θέλησιν αὐτός·
θ' ἀγωνισθεῖ, θὰ κάμει, θ' ἀνυψώσει.

Ἀρκεῖ νὰ βρεῖ ἕναν τρόπο στὴν Ἀνατολὴ νὰ φθάσει,
νὰ κατορθώσει νὰ ξεφύγει ἀπὸ τὴν Ἰταλία –
κι ὅλην αὐτὴν τὴν δύναμι ποὺ ἔχει
μὲς στὴν ψυχή του, ὅλην τὴν ὁρμὴν
αὐτὴ θὰ μεταδώσει στὸν λαό.

ÜBER DEMETRIOS DEN ERRETTER
(162-150 VOR CHRISTUS)

Alles was er geplant hatte – ein einziger Irrtum!

Hatte dahingeträumt von Ruhmestaten, davon,
Die Schande abzuwaschen, die seit dem Tag
Von Magnesía an seiner Heimat geklebt.
Auf daß Syrien wieder großmächtig werde
Zu Land und zur See
Mit seinen Zitadellen, den aufgehäuften Schätzen.

Nun litt er, ein Verbitterter in Rom,
Spürte hinter dem Schönreden seiner Freunde,
Der Jeunesse aus den ersten Familien,
Spürte hinter ihrer Höflichkeit und vornehmen Distanz
Ihm gegenüber, dem
Sohn des Königs Seleukos Philopátor,
Spürte ihre versteckte und völlige
Geringschätzung der griechischsprechenden Dynastien:
Für den Ernst der Tat sind sie verloren,
Unbegabt zu herrschen über Völker, die Décadents.
Er trieb umher, einsam und zornig, schwor,
Wie sie es dächten, werde es niemals sein.
Schau nur, welcher Wille!
Kämpfen wird er, handeln und heilen.

Einen Weg in den Osten nur müßte er finden,
Die Kraft haben, Italien hinter sich zu lassen –
Und alle Kraft
Seiner Seele, alle Energie
Wird er aufs Volk übertragen.

Ἀ στὴν Συρία μονάχα νὰ βρεθεῖ!
Ἔτσι μικρὸς ἀπ' τὴν πατρίδα ἔφυγε
ποὺ ἀμυδρῶς θυμοῦνταν τὴν μορφή της.
Μὰ μὲς στὴν σκέψι του τὴν μελετοῦσε πάντα
σὰν κάτι ἱερὸ ποὺ προσκυνώντας τὸ πλησιάζεις,
σὰν ὀπτασία τόπου ὡραίου, σὰν ὅραμα
ἑλληνικῶν πόλεων καὶ λιμένων. –

Καὶ τώρα;
Τώρα ἀπελπισία καὶ καϋμός.
Εἶχανε δίκιο τὰ παιδιὰ στὴν Ρώμη.
Δὲν εἶναι δυνατὸν νὰ βασταχθοῦν ἡ δυναστεῖες
ποὺ ἔβγαλε ἡ Κατάκτησις τῶν Μακεδόνων.

Ἀδιάφορον: ἐπάσχισεν αὐτός,
ὅσο μποροῦσεν ἀγωνίσθηκε.
Καὶ μὲς στὴν μαύρη ἀπογοήτευσί του,
ἕνα μονάχα λογαριάζει πιὰ
μὲ ὑπερηφάνειαν· πού, κ' ἐν τῇ ἀποτυχίᾳ του,
τὴν ἴδιαν ἀκατάβλητην ἀνδρεία στὸν κόσμο δείχνει.

Τ' ἄλλα – ἦσαν ὄνειρα καὶ ματαιοπονίες.
Αὐτὴ ἡ Συρία – σχεδὸν δὲν μοιάζει σὰν πατρίς του,
αὐτὴ εἶν' ἡ χώρα τοῦ Ἡρακλείδη καὶ τοῦ Βάλα.

Wäre, ach, wäre er schon in Syrien!
So jung aus der Heimat verstoßen,
Daß ihre Gestalt nur noch ein Schemen,
Doch bewahrt im Erinnern.
Einem Heiligtum gleich, dem man sich fußfällig nähert,
Im Angesicht einer schönen Stätte, eine Erscheinung
Griechischer Städte und Häfen.

Doch nun?
Herrschen Verzweiflung und Bitternis.
Recht behalten hatten die Kinder von Rom.
Unmöglich, daß Dynastien bestehen,
Geboren aus makedonischer Expansion.

Seis drum: er hat es versucht
Mit aller Kraft, hat darum gekämpft.
Auf eines nur
In seiner schwarzen Ernüchterung
Kam es an: Im Unglück
Der Welt sich unbeugsam tapfer zeigen.

Und sonst: nur Träume, Mühsal, Vergeblichkeit.
Dieses Syrien hat nichts mehr gemein mit der Heimat,
Diese Erde gehört Herakleides und Balas.

Η ΔΟΞΑ ΤΩΝ ΠΤΟΛΕΜΑΙΩΝ

Εἶμ' ὁ Λαγίδης, βασιλεύς. Ὁ κάτοχος τελείως
(μὲ τὴν ἰσχύ μου καὶ τὸν πλοῦτο μου) τῆς ἡδονῆς.
Ἢ Μακεδών, ἢ βάρβαρος δὲν βρίσκεται κανεὶς
ἴσος μου, ἢ νὰ μὲ πλησιάζει κάν. Εἶναι γελοῖος
ὁ Σελευκίδης μὲ τὴν ἀγοραία του τρυφή.
Ἂν ὅμως σεῖς ἄλλα ζητεῖτε, ἰδοὺ κι αὐτὰ σαφῆ.
Ἡ πόλις ἡ διδάσκαλος, ἡ πανελλήνια κορυφή,
εἰς κάθε λόγο, εἰς κάθε τέχνη ἡ πιὸ σοφή.

PTOLEMÄERRUHM

Lagide bin ich, König. Mit meiner Macht
Und meinem Geld: Im Alleinbesitz der Lust.
Ob Makedone, ob Barbar, sie müssen sich damit begnügen,
Überhaupt nicht zu sein wie ich. In seiner ungehobelten Pracht
Macht sich der Seleukide lächerlich.
Doch wollt ihr's auf den Punkt gebracht, was wahrhaft mein ist:
Die große Lehrerin, Koryphäe des Griechentums
In aller Kunst, in jedem Wort und Wissen:
Es ist Alexandria.

ΗΓΕΜΩΝ ΕΚ ΔΥΤΙΚΗΣ ΛΙΒΥΗΣ

Ἄρεσε γενικῶς στὴν Ἀλεξάνδρεια,
τὲς δέκα μέρες ποὺ διέμεινεν αὐτοῦ,
ὁ ἡγεμὼν ἐκ Δυτικῆς Λιβύης
Ἀριστομένης, υἱὸς τοῦ Μενελάου.
Ὡς τ' ὄνομά του, κ' ἡ περιβολή, κοσμίως, ἑλληνική.
Δέχονταν εὐχαρίστως τὲς τιμές, ἀλλὰ
δὲν τὲς ἐπιζητοῦσεν· ἦταν μετριόφρων.
Ἀγόραζε βιβλία ἑλληνικά,
ἰδίως ἱστορικὰ καὶ φιλοσοφικά.
Πρὸ πάντων δὲ ἄνθρωπος λιγομίλητος.
Θἄταν βαθὺς στὲς σκέψεις, διεδίδετο,
κ' οἱ τέτοιοι τὄχουν φυσικὸ νὰ μὴ μιλοῦν πολλά.

Μήτε βαθὺς στὲς σκέψεις ἦταν, μήτε τίποτε.
Ἕνας τυχαῖος, ἀστεῖος ἄνθρωπος.
Πῆρε ὄνομα ἑλληνικό, ντύθηκε σὰν τοὺς Ἕλληνας,
ἔμαθ' ἐπάνω, κάτω σὰν τοὺς Ἕλληνας νὰ φέρεται·
κ' ἔτρεμεν ἡ ψυχή του μὴ τυχὸν
χαλάσει τὴν καλούτσικην ἐντύπωσι
μιλώντας μὲ βαρβαρισμοὺς δεινοὺς τὰ ἑλληνικά,
κ' οἱ Ἀλεξανδρινοὶ τὸν πάρουν στὸ ψιλό,
ὡς εἶναι τὸ συνήθειο τους, οἱ ἀπαίσιοι.

Γι' αὐτὸ καὶ περιορίζονταν σὲ λίγες λέξεις,
προσέχοντας μὲ δέος τὲς κλίσεις καὶ τὴν προφορά·
κ' ἔπληττεν οὐκ ὀλίγον ἔχοντας
κουβέντες στοιβαγμένες μέσα του.

EIN HÄUPTLING AUS DER KABYLEI

Zehn Tage war er die Attraktion,
Als er Alexandria besuchte:
Ein Häuptling aus der Kabylei,
Aristoménes, Sohn von Meneláos.
Die Kleider exquisit, wie sein griechischer Name.
Komplimente waren ihm angenehm, doch
Legte er es nicht darauf an; eher tat er bescheiden.
Kaufte griechische Bücher
Über Geschichte und Philosophie.
Vor allem gab er sich schweigsam.
Man sprach über ihn,
Er müsse ein tiefsinniger Denker sein,
Denn die seien ihrer Natur nach wortkarg.

Weder dachte er tief, noch stellte er sonstwas dar.
Eine lächerliche Alltagsfigur.
Nannte sich wie ein Grieche, kleidete sich wie ein Grieche,
Brachte es halbwegs hin, griechisch zu erscheinen;
Doch saß ihm die Angst im Nacken, ständig war er gefaßt,
Die Seifenblase könnte platzen,
Wenn er stammelte wie ein Barbar
Und Alexandriner ihn auslachten und verhöhnten,
Das ist ihre böse Art, da kennen sie gar nichts.

So hielt er den Mund,
Ängstlich darauf bedacht,
Korrekt zu sprechen und die Endungen nicht zu verschlucken,
Und ärgerte sich sehr,
Weil er vor Schwatzsucht fast platzte.

ΦΙΛΕΛΛΗΝ

Τὴν χάραξι φρόντισε τεχνικὰ νὰ γίνει.
Ἔκφρασις σοβαρὴ καὶ μεγαλοπρεπής.
Τὸ διάδημα καλλίτερα μᾶλλον στενό·
ἐκεῖνα τὰ φαρδιὰ τῶν Πάρθων δὲν μὲ ἀρέσουν.
Ἡ ἐπιγραφή, ὡς σύνηθες, ἑλληνικά·
ὄχ' ὑπερβολική, ὄχι πομπώδης –
μὴν τὰ παρεξηγήσει ὁ ἀνθύπατος
ποὺ ὅλο σκαλίζει καὶ μηνᾶ στὴν Ρώμη –
ἀλλ' ὅμως βέβαια τιμητική.
Κάτι πολὺ ἐκλεκτὸ ἀπ' τὸ ἄλλο μέρος·
κανένας δισκοβόλος ἔφηβος ὡραῖος.
Πρὸ πάντων σὲ συστήνω νὰ κυττάξεις
(Σιθάσπη, πρὸς θεοῦ, νὰ μὴ λησμονηθεῖ)
μετὰ τὸ Βασιλεὺς καὶ τὸ Σωτήρ,
νὰ χαραχθεῖ μὲ γράμματα κομψά, Φιλέλλην.
Καὶ τώρα μὴ μὲ ἀρχίζεις εὐφυολογίες,
τὰ »Ποῦ οἱ Ἕλληνες;« καὶ »Ποῦ τὰ Ἑλληνικὰ
πίσω ἀπ' τὸν Ζάγρο ἐδῶ, ἀπὸ τὰ Φράατα πέρα«.
Τόσοι καὶ τόσοι βαρβαρότεροί μας ἄλλοι
ἀφοῦ τὸ γράφουν, θὰ τὸ γράψουμε κ' ἐμεῖς.
Καὶ τέλος μὴ ξεχνᾶς ποὺ ἐνίοτε
μᾶς ἔρχοντ' ἀπὸ τὴν Συρία σοφισταί,
καὶ στιχοπλόκοι, κι ἄλλοι ματαιόσπουδοι.
Ὥστε ἀνελλήνιστοι δὲν εἴμεθα, θαρρῶ.

Lagidenherrscher

PHILHELLENE

Künstler, gib dir die größte Mühe
Mit der Prägung meines Abbilds:
Ernst sei es und erhaben.
Die Herrscherbinde eher schmal,
Nicht hoch, als wär ich ein Parther!
Legende in üblicher Manier: hellenisch;
Zurückgenommen, schlicht –
Der Prokonsul bekommt es in den falschen Hals,
Wenn er sie prüft und Rom berichtet –,
Und unbedingt mir zur Ehre!
Für die Rückseite etwas Erlesenes:
Vielleicht den jungen Diskuswerfer.
Das Wichtigste jedoch befehle ich dir:
(Sithaspes, denke daran, bei den Göttern)
Nach »König« und »Erretter« in gestochen
Feinen Lettern »Philhellene«!
Und fang nicht an zu mäkeln:
»Wo sind hier Griechen? Was ist hier griechisch?
Hier zwischen Armenien und Syrien, jenseits von Phraata?«
Barbarischere Zeitgenossen als wir
Haben dies von sich gesagt, also schreiben wir's auch!
Denk daran, wie dann und wann aus Syrien
Sophisten, Verseklöppler und andere Sprücheklopfer
Hier durchziehen.
Also sind wir, wie's scheint, keinesfalls »unhellenisch«.

ΥΠΕΡ ΤΗΣ ΑΧΑΪΚΗΣ ΣΥΜΠΟΛΙΤΕΙΑΣ ΠΟΛΕΜΗΣΑΝΤΕΣ

Ἀνδρεῖοι σεῖς ποὺ πολεμήσατε καὶ πέσατ' εὐκλεῶς·
τοὺς πανταχοῦ νικήσαντας μὴ φοβηθέντες.
Ἄμωμοι σεῖς, ἂν ἔπταισαν ὁ Δίαιος κι ὁ Κριτόλαος.
Ὅταν θὰ θέλουν οἱ Ἕλληνες νὰ καυχηθοῦν,
»Τέτοιους βγάζει τὸ ἔθνος μας« θὰ λένε
γιὰ σᾶς. Ἔτσι θαυμάσιος θἆναι ὁ ἔπαινός σας. –

Ἐγράφη ἐν Ἀλεξανδρείᾳ ὑπὸ Ἀχαιοῦ·
ἕβδομον ἔτος Πτολεμαίου, Λαθύρου.

Hypnos und Thanatos tragen einen gefallenen Jüngling vom Schlachtfeld

AUF DIE KÄMPFER ACHAIAS

Ihr Männer, Kämpfer und herrlich Gefallenen,
Furchtlos vor denen, die euch warfen an allen Fronten.
Schuldlose, an denen Díaios und Kritólaos schuldig wurden.
Wenn sich Griechen einst brüsten,
Werden sie von euch sagen: »Solche bringt
Unser Volk hervor.« So ruhmredig wird
Euer Lobspruch sein.

Geprägt zu Alexandria von einem Mann achaischen Stammes,
Im Jahr sieben Ptolemaios' des Furzers.

ΑΛΕΞΑΝΔΡΙΝΟΙ ΒΑΣΙΛΕΙΣ

Μαζεύθηκαν οἱ Ἀλεξανδρινοὶ
νὰ δοῦν τῆς Κλεοπάτρας τὰ παιδιά,
τὸν Καισαρίωνα, καὶ τὰ μικρά του ἀδέρφια,
Ἀλέξανδρο καὶ Πτολεμαῖο, ποὺ πρώτη
φορὰ τὰ βγάζαν ἔξω στὸ Γυμνάσιο,
ἐκεῖ νὰ τὰ κηρύξουν βασιλεῖς,
μὲς στὴ λαμπρὴ παράταξι τῶν στρατιωτῶν.

Ὁ Ἀλέξανδρος – τὸν εἶπαν βασιλέα
τῆς Ἀρμενίας, τῆς Μηδίας, καὶ τῶν Πάρθων.
Ὁ Πτολεμαῖος – τὸν εἶπαν βασιλέα
τῆς Κιλικίας, τῆς Συρίας, καὶ τῆς Φοινίκης.
Ὁ Καισαρίων στέκονταν πιὸ ἐμπροστά,
ντυμένος σὲ μετάξι τριανταφυλλί,
στὸ στῆθος του ἀνθοδέσμη ἀπὸ ὑακίνθους,
ἡ ζώνη του διπλὴ σειρὰ σαπφείρων κι ἀμεθύστων,
δεμένα τὰ ποδήματά του μ' ἄσπρες
κορδέλλες κεντημένες μὲ ροδόχροα μαργαριτάρια.
Αὐτὸν τὸν εἶπαν πιότερο ἀπὸ τοὺς μικρούς,
αὐτὸν τὸν εἶπαν Βασιλέα τῶν Βασιλέων.

Οἱ Ἀλεξανδρινοὶ ἔνοιωθαν βέβαια
ποὺ ἦσαν λόγια αὐτὰ καὶ θεατρικά.

Ἀλλὰ ἡ μέρα ἤτανε ζεστὴ καὶ ποιητική,
ὁ οὐρανὸς ἕνα γαλάζιο ἀνοιχτό,
τὸ Ἀλεξανδρινὸ Γυμνάσιον ἕνα
θριαμβικὸ κατόρθωμα τῆς τέχνης,
τῶν αὐλικῶν ἡ πολυτέλεια ἔκτακτη,
ὁ Καισαρίων ὅλο χάρις κ' ἐμορφιὰ
(τῆς Κλεοπάτρας υἱός, αἷμα τῶν Λαγιδῶν)·

Kleopatra VII. Philopator

ALEXANDRINISCHE KÖNIGE

Ganz Alexandria war auf den Beinen
Um anzuschaun die Söhne der Kleopatra,
Kaisarion und seine kleinen Brüder,
Alexandros und Ptolemaios, bei deren erstem
Ausgang ins Gymnasion.
Dort sollten alle drei König gerufen werden,
Inmitten einer prächtigen Heerschau.

Alexandros – ihn nannte man König
Von Armenien, von Medien und der Parther.
Ptolemaios – ihn nannte man König
Von Kilikien, von Syrien und Phönizien.
Kaisarion, er stand ganz vorn,
Sein Kleid aus rosenroter Seide,
An seiner Brust ein Strauß von Hyazinthen,
Den Gürtel bilden zwei Reihen Saphire und Amethyste,
Schnürschuhe mit weißen Bändern
Und reich bestickt mit rosa Perlen.
Ihn rief man bei einem höheren Namen als die Kleinen,
Ihn nannte man: König der Könige.

Die Alexandriner bemerkten natürlich:
Es war leeres Theater.

Aber der Tag war heiß, ein Gedicht,
Der Himmel ein einzig weitgespanntes Blau,
Die Säulenhalle des Alexandriner Gymnasions
Ein Meisterwerk und ein Triumph der Kunst.
Des Hofstaats Luxus exquisit,
Kaisarion: Anmut und Schönheit in Person
(Sohn schließlich der Kleopatra, Blut der Lagiden).

κ' οἱ Ἀλεξανδρινοὶ ἔτρεχαν πιὰ στὴν ἑορτή,
κ' ἐνθουσιάζονταν, κ' ἐπευφημοῦσαν
ἑλληνικά, κ' αἰγυπτιακά, καὶ ποιοὶ ἑβραίικα,
γοητευμένοι μὲ τ' ὡραῖο θέαμα –
μ' ὅλο ποὺ βέβαια ἤξευραν τί ἄξιζαν αὐτά,
τί κούφια λόγια ἦσανε αὐτὲς ἡ βασιλεῖες.

So strömte Alexandria zum Fest,
Berauscht war man und akklamierte
Auf griechisch, auf ägyptisch, selbst auf hebräisch,
Verzaubert von des Schauspiels schönem Schein –
Wiewohl man sehr gut wußte, was dahinter war:
Ein Königtum hohler Phrasen.

ΕΝ ΔΗΜΩ ΤΗΣ ΜΙΚΡΑΣ ΑΣΙΑΣ

Ἡ εἰδήσεις γιὰ τὴν ἔκβασι τῆς ναυμαχίας, στὸ Ἄκτιον,
ἦσαν βεβαίως ἀπροσδόκητες.
Ἀλλα δὲν εἶναι ἀνάγκη νὰ συντάξουμε νέον ἔγγραφον.
Τ' ὄνομα μόνον ν' ἀλλαχθεῖ. Ἀντίς, ἐχεῖ
στὲς τελευταῖες γραμμές, »Λυτρώσας τοὺς Ρωμαίους
ἀπ' τὸν ὀλέθριον Ὀκτάβιον,
τὸν δίκην παρωδίας Καίσαρα«,
τώρα θὰ βάλουμε »Λυτρώσας τοὺς Ρωμαίους
ἀπ' τὸν ὀλέθριον Ἀντώνιον«.
Ὅλο τὸ κείμενον ταιριάζει ὡραῖα.

»Στὸν νικητήν, τὸν ἐνδοξότατον,
τὸν ἐν παντὶ πολεμικῷ ἔργῳ ἀνυπέρβλητον,
τὸν θαυμαστὸν ἐπὶ μεγαλουργίᾳ πολιτικῇ,
ὑπὲρ τοῦ ὁποίου ἐνθέρμως εὔχονταν ὁ δῆμος·
τὴν ἐπικράτησι τοῦ Ἀντωνίου«
ἐδῶ, ὅπως εἴπαμεν, ἡ ἀλλαγή: »τοῦ Καίσαρος
ὡς δῶρον τοῦ Διὸς κάλλιστον θεωρῶν –
στὸν κραταιὸ προστάτη τῶν Ἑλλήνων,
τὸν ἔθη ἑλληνικὰ εὐμενῶς γεραίροντα,
τὸν προσφιλῆ ἐν πάσῃ χώρᾳ ἑλληνικῇ,
τὸν λίαν ἐνδεδειγμένον γιὰ ἔπαινο περιφανῆ,
καὶ γιὰ ἐξιστόρησι τῶν πράξεών του ἐκτενῆ
ἐν λόγῳ ἑλληνικῷ κ' ἐμμέτρῳ καὶ πεζῷ·
ἐν λόγῳ ἑλληνικῷ ποὺ εἶν' ὁ φορεὺς τῆς φήμης«,
καὶ τὰ λοιπά, καὶ τὰ λοιπά. Λαμπρὰ ταιριάζουν ὅλα.

Die Nachricht vom Ausgang der Seeschlacht bei Actium
Kam wirklich unverhofft.
Doch eine neue Grußadresse aufzusetzen ist nicht nötig:
Allein die Namen tauscht man aus. Anstelle von
(Dort in den letzten Zeilen): *Erlöst hast Du die Römer*
Von dem verderblichen Octavian,
Parodie seines Caesars
Schreiben wir nun: *Erlöst hast Du die Römer*
Von dem verderblichen Antonius.
Es paßt doch alles wunderbar.

Auf den Sieger, auf seine Exzellenz!
Auf den in jeglichem Kriegswerk Unübertroffenen!
Auf den im Ränkespiel der Politik Bewundernswürdigen!
Auf ihn, zu dem unsere Kleinstadt glühende Gebete sprach!
Auf die Alleinherrschaft des Marc Anton!
Dort, wie gesagt, die Änderung: *des Caesars!*
Die reinste Gottesgabe! Auf den mächtigen Schutzpatron der Hellenen!
Auf den, der Griechensitte gnädig achtet!
Auf den in aller Griechen Länder Vielgeliebten!
Auf den, an dem sich kundgetan, für alle sichtbar, Ruhmesglanz!
Und für die weitausholende Schilderung seiner Taten!
Auf griechisch! Ob metrisch, ob in Prosa.
Auf griechisch! Was Garantie für Nachruhm ist . . .
Etcetera pp. Es paßt doch alles herrlich.

ΤΟ 31 Π. Χ. ΣΤΗΝ ΑΛΕΞΑΝΔΡΕΙΑ

Ἀπ' τὴν μικρή του, στὰ περίχωρα πλησίον, κώμη,
καὶ σκονισμένος ἀπὸ τὸ ταξεῖδι ἀκόμη

ἔφθασεν ὁ πραγματευτής. Καὶ »Λίβανον!« καὶ »Κόμμι!«
»Ἄριστον Ἔλαιον!« »Ἄρωμα γιὰ τὴν κόμη!«

στοὺς δρόμους διαλαλεῖ. Ἀλλ' ἡ μεγάλη ὀχλοβοή,
κ' ἡ μουσικές, κ' ἡ παρελάσεις ποῦ ἀφίνουν ν' ἀκουσθεῖ.

Τὸ πλῆθος τὸν σκουντᾶ, τὸν σέρνει, τὸν βροντᾶ.
Κι ὅταν πιὰ τέλεια σαστισμένος, »Τί εἶναι ἡ τρέλλα αὐτή«; ρωτᾶ,

ἕνας τοῦ ρίχνει κι αὐτουνοῦ τὴν γιγαντιαία ψευτιὰ
τοῦ παλατιοῦ – ποὺ στὴν Ἑλλάδα ὁ Ἀντώνιος νικᾶ.

31 VOR CHRISTUS IN ALEXANDRIA

Aus einem Nest, im nahen Hinterland ein Fleck,
Ganz eingestaubt noch von der Fahrt, voll Dreck

Trifft der Händler ein. »Weihrauch!« und »Gummi!«
bewirbt er seine Ware,
Und: »Bestes Öl!« und »Duftstoff für die Haare!«

Sein Rufen hallt durch Gassen, in denen dröhnt
Ein großer Lärm, Musik auch, Soldatenschritt: das
hat ihn übertönt.

Die Menge wogt, sie schleppt ihn weiter, stößt ihn hin.
So völlig aus der Fassung, schreit er »Was ein Wahnsinn!«

Da wirft ihm einer zu: »So heißt man sie im Palas –
Die Riesenlüge: Es siegt Antonius in Hellas!«

ΑΠΟΛΕΙΠΕΙΝ Ο ΘΕΟΣ ΑΝΤΩΝΙΟΝ

Σὰν ἔξαφνα, ὥρα μεσάνυχτ', ἀκουσθεῖ
ἀόρατος θίασος νὰ περνᾶ
μὲ μουσικὲς ἐξαίσιες, μὲ φωνὲς –
τὴν τύχη σου ποὺ ἐνδίδει πιά, τὰ ἔργα σου
ποὺ ἀπέτυχαν, τὰ σχέδια τῆς ζωῆς σου
ποὺ βγῆκαν ὅλα πλάνες, μὴ ἀνωφέλετα θρηνήσεις.
Σὰν ἕτοιμος ἀπὸ καιρό, σὰ θαρραλέος,
ἀποχαιρέτα την, τὴν Ἀλεξάνδρεια ποὺ φεύγει.
Πρὸ πάντων νὰ μὴ γελασθεῖς, μὴν πεῖς πὼς ἦταν
ἕνα ὄνειρο, πὼς ἀπατήθηκεν ἡ ἀκοή σου·
μάταιες ἐλπίδες τέτοιες μὴν καταδεχθεῖς.
Σὰν ἕτοιμος ἀπὸ καιρό, σὰ θαρραλέος,
σὰν ποὺ ταιριάζει σε ποὺ ἀξιώθηκες μιὰ τέτοια πόλι,
πλησίασε σταθερὰ πρὸς τὸ παράθυρο,
κι ἄκουσε μὲ συγκίνησιν, ἀλλ' ὄχι
μὲ τῶν δειλῶν τὰ παρακάλια καὶ παράπονα,
ὡς τελευταία ἀπόλαυσι τοὺς ἤχους,
τὰ ἐξαίσια ὄργανα τοῦ μυστικοῦ θιάσου,
κι ἀποχαιρέτα την, τὴν Ἀλεξάνδρεια ποὺ χάνεις.

Bildnis des Marc Anton

Wie aus dem Nichts, zur Mitternachtsstunde, hört man
(Kann ihn nicht sehen) den Reigen, der näher kommt
Unterm Klang kostbarer Instrumente und der Stimmen.
Dein Stern, der nun verblaßt, deine Taten,
Die glücklosen, die Entwürfe für dein Leben
Entlarven sich als Trug – klage nicht, es ist umsonst.
Gerüstet sei für diesen Augenblick, sei mutig,
Verabschiede Alexandria, die entflieht.
Vor allem, mach dich nicht zum Gespött, sag nicht,
Das Gehörte, ein Traum, habe dich getäuscht,
Greif nicht gierig nach solch nichtsnutziger Hoffnung.
Tritt nun ans Fenster, fasse dich
Und höre bewegt,
Doch ohne wie die Schwachen zu flehen und zu jammern,
Den letzten Gruß, die Weisen
Der erlesenen Flöten in diesem heimlichen Reigen:
Leb wohl, Alexandria, die du entschwindest.

ΚΑΙΣΑΡΙΩΝ

Ἐν μέρει γιὰ νὰ ἐξακριβώσω μιὰ ἐποχή,
ἐν μέρει καὶ τὴν ὥρα νὰ περάσω,
τὴν νύχτα χθὲς πῆρα μιὰ συλλογὴ
ἐπιγραφῶν τῶν Πτολεμαίων νὰ διαβάσω.
Οἱ ἄφθονοι ἔπαινοι κ' ἡ κολακεῖες
εἰς ὅλους μοιάζουν. Ὅλοι εἶναι λαμπροί,
ἔνδοξοι, κραταιοί, ἀγαθοεργοί·
κάθ' ἐπιχείρησίς των σοφοτάτη.
Ἂν πεῖς γιὰ τὲς γυναῖκες τῆς γενιᾶς, κι αὐτές,
ὅλες ἡ Βερενίκες κ' ἡ Κλεοπάτρες θαυμαστές.

Ὅταν κατόρθωσα τὴν ἐποχὴ νά ἐξακριβώσω
θἄφινα τὸ βιβλίο ἂν μιὰ μνεία μικρή,
κι ἀσήμαντη, τοῦ βασιλέως Καισαρίωνος
δὲν εἶλκυε τὴν προσοχή μου ἀμέσως . . . . .

Ἆ, νά, ἦρθες σὺ μὲ τὴν ἀόριστη
γοητεία σου. Στὴν ἱστορία λίγες
γραμμὲς μονάχα βρίσκονται γιὰ σένα,
κ' ἔτσι πιὸ ἐλεύθερα σ' ἔπλασα μὲς στὸν νοῦ μου.
Σ' ἔπλασα ὡραῖο κ' αἰσθηματικό.
Ἡ τέχνη μου στὸ πρόσωπό σου δίνει
μιὰν ὀνειρώδη συμπαθητικὴ ἐμορφιά.
Καὶ τόσο πλήρως σὲ φαντάσθηκα,
ποὺ χθὲς τὴν νύχτα ἀργά, σὰν ἔσβυνεν
ἡ λάμπα μου – ἄφισα ἐπίτηδες νὰ σβύνει –
ἐθάρρεψα ποὺ μπῆκες μὲς στὴν κάμαρά μου,
μὲ φάνηκε ποὺ ἐμπρός μου στάθηκες· ὡς θὰ ἦσουν
μὲς στὴν κατακτημένην Ἀλεξάνδρεια,
χλωμὸς καὶ κουρασμένος, ἰδεώδης ἐν τῇ λύπῃ σου,
ἐλπίζοντας ἀκόμη νὰ σὲ σπλαχνισθοῦν
οἱ φαῦλοι – ποὺ ψιθύριζαν τὸ »Πολυκαισαρίη«.

KAISERCHEN

Um jene Epoche besser zu verstehen,
Und auch zum Zeitvertreib,
Las ich die Sammlung
»Inschriften der Ptolemäer« gestern nacht.
Ich fand darin geschwollen Lob und reiche Schmeichelei
Allen gleich zugeteilt: Alle sind strahlend,
Großmütig, mächtig und prächtig.
Höchst weise alles, was sie tun.
Im Kapitel »Frauen ihrer Dynastie«
Die Bereniken und die Kleopatren, auch sie sind alle wundervoll.

Zu Ende war ich mit meiner Lektüre,
Hätte das Buch beiseite gelegt, doch ein kleines,
Unbedeutendes Mal König Kaisarions
Gab plötzlich wieder Nahrung meiner Phantasie . . .

Ach, nun erschienst du mit deinem vagen
Charme. Wenige Zeilen nur hatte Geschichtsschreibung
Für dich vorgesehen. So war ich frei,
Dein Wesen zu gestalten nach eigener Phantasie.
Sinnlich und schön erschuf ich dich.
Mein Können schenkte deinem Angesicht
Schönheit, anziehend und träumerisch.
Jedes Detail erphantasierte ich
Und habe gar nicht wahrgenommen, wie
Mitten in der Nacht das Licht erlosch.
Da trittst du in mein Zimmer ein
Und stellst dich vor mich hin,
Wohl wie du damals warst
Im eroberten Alexandria,
Blaß, müde, einsam in deiner Trauer,
Noch immer hoffend, daß der Pöbel mit dir
Erbarmen hätte – der da summte: »Zu viele Kaiserchen.«

ΕΝ ΤΩ ΜΗΝΙ ΑΘΥΡ

Μὲ δυσκολία διαβάζω στὴν πέτρα τὴν ἀρχαία.
»Κύ[ρι]e Ἰησοῦ Χριστέ«. Ἕνα »Ψυ[χ]ὴν« διακρίνω.
»Ἐν τῷ μη[νὶ] Ἀθὺρ« »Ὁ Λεύκιο[ς] ἐ[κοιμ]ήθη«.
Στὴ μνεία τῆς ἡλικίας »Ἐβί[ωσ]εν ἐτῶν«,
τὸ Κάππα Ζῆτα δείχνει ποὺ νέος ἐκοιμήθη.
Μὲς στὰ φθαρμένα βλέπω »Αὐτὸ[ν] . . . Ἀλεξανδρέα«.
Μετὰ ἔχει τρεῖς γραμμὲς πολὺ ἀκρωτηριασμένες·
μὰ κάτι λέξεις βγάζω – σὰν »δ[ά]κρυα ἡμῶν«, »ὀδύνην«,
κατόπιν πάλι »δάκρυα«, καὶ »[ἡμ]ῖν τοῖς [φ]ίλοις πένθος«.
Μὲ φαίνεται ποὺ ὁ Λεύκιος μεγάλως θ’ ἀγαπήθη.
Ἐν τῷ μηνὶ Ἀθὺρ ὁ Λεύκιος ἐκοιμήθη.

IM MOND DER GÖTTIN HATHOR

Mit Mühe nur entziffere ich   auf einer spätantiken Stele
Kyrie Jesu Christe.   Ein *Seele* kann ich ausmachen.
Im Mon . . . athor   der Levkios entschlief.
Geschrieben auch, wie alt er wurde   *An Jahren lebte er*
Dann 2 und 7, sie zeigen an,   daß er jung starb.
In den Verwitterungen erkenne ich   *ihn selbst . . . Alexandriner.*
Dann gibt es drei Zeilen   stark verstümmelt.
Doch kann ich etwas noch lesen   wie *unsere Tränen und Leid.*
Darunter wieder *Tränen*   und *ein Unglück für die Freunde.*
Mir scheint, gewaltig wurde er geliebt,   der Tadellose.
Im Mond der Göttin Hathor   der Levkios entschlief.

ΜΥΡΗΣ· ΑΛΕΞΑΝΔΡΕΙΑ ΤΟΥ 340 Μ. Χ.

Τὴν συμφορὰ ὅταν ἔμαθα, ποὺ ὁ Μύρης πέθανε,
πῆγα στὸ σπίτι του, μ' ὅλο ποὺ τὸ ἀποφεύγω
νὰ εἰσέρχομαι στῶν Χριστιανῶν τὰ σπίτια,
πρὸ πάντων ὅταν ἔχουν θλίψεις ἢ γιορτές.

Στάθηκα σὲ διάδρομο. Δὲν θέλησα
νὰ προχωρήσω πιὸ ἐντός, γιατὶ ἀντελήφθην
ποὺ οἱ συγγενεῖς τοῦ πεθαμένου μ' ἔβλεπαν
μὲ προφανῆ ἀπορίαν καὶ μὲ δυσαρέσκεια.

Τὸν εἶχανε σὲ μιὰ μεγάλη κάμαρη
ποὺ ἀπὸ τὴν ἄκρην ὅπου στάθηκα
εἶδα κομμάτι· ὅλο τάπητες πολύτιμοι,
καὶ σκεύη ἐξ ἀργύρου καὶ χρυσοῦ.

Στέκομουν κ' ἔκλαια σὲ μιὰ ἄκρη τοῦ διαδρόμου.
Καὶ σκέπτομουν ποὺ ἡ συγκεντρώσεις μας κ' ἡ ἐκδρομὲς
χωρὶς τὸν Μύρη δὲν θ' ἀξίζουν πιά·
καὶ σκέπτομουν ποὺ πιὰ δὲν θὰ τὸν δῶ
στὰ ὡραῖα κι ἄσεμνα ξενύχτια μας
νὰ χαίρεται, καὶ νὰ γελᾶ, καὶ ν' ἀπαγγέλλει στίχους
μὲ τὴν τελεία του αἴσθησι τοῦ ἑλληνικοῦ ρυθμοῦ·
καὶ σκέπτομουν ποὺ ἔχασα γιὰ πάντα
τὴν ἐμορφιά του, ποὺ ἔχασα γιὰ πάντα
τὸν νέον ποὺ λάτρευα παράφορα.

Κάτι γρηές, κοντά μου, χαμηλὰ μιλοῦσαν γιὰ
τὴν τελευταία μέρα ποὺ ἔζησε –
στὰ χείλη του διαρκῶς τ' ὄνομα τοῦ Χριστοῦ,
στὰ χέρια του βαστοῦσ' ἕναν σταυρό. –
Μπῆκαν κατόπι μὲς στὴν κάμαρη
τέσσαρες Χριστιανοὶ ἱερεῖς, κ' ἔλεγαν προσευχὲς

Mumienporträt eines jungen Mannes aus Ägypten

Ein Unglück, das ich da erfuhr: Myris war tot!
Ich mußte in sein Haus. Lieber wär ich davongelaufen,
Als Christen in ihren Häusern aufzusuchen,
Vor allem, wenn sie Trauer tragen und ihre Kirchenfeste feiern.

Ich drückte mich im Eingang rum. Ins Innere des Hauses
Wollt ich nicht weitergehen, da ich bemerkte,
Wie die Verwandtschaft des Verstorbenen mich musterte,
Deutlich befremdet und mit Verärgerung.

Ihn bargen sie in einer großen Kammer,
Die konnte ich sehen, dort wo ich stand:
Darin kostbare Webereien,
Gerät von Gold und Silber überall.

Stand da am Ende eines Flurs und weinte.
Und dachte: unser Flanieren und das Beisammensein
Werden ohne Myris wertlos sein.
Und dachte: auf unseren schönen, unanständigen Streifzügen
Nachts werde ich ihn nicht mehr sehen.
Wie er sich freute, wie er lachte und Verse lauthals vortrug.
Er wußte haargenau, wie man griechische Zeilen deklamiert.
Und dachte: den Jungen, den ich irrwitzig zu meinem Gott
erkor,
habe ich ganz verloren.

Einige alte Frauen, die bei mir standen, sprachen leise
Von seinem letzten Tag – den lebte er,
Auf seinen Lippen unentwegt den Namen seines Christus.
Ein Kreuz hielt er in seinen Händen. Dann traten vier
Christenpriester
In die Kammer, sie sprachen Bitten

ἐνθέρμως καὶ δεήσεις στὸν Ἰησοῦν,
ἢ στὴν Μαρίαν (δὲν ξέρω τὴν θρησκεία τους καλά).

Γνωρίζαμε, βεβαίως, ποὺ ὁ Μύρης ἦταν Χριστιανός.
Ἀπὸ τὴν πρώτην ὥρα τὸ γνωρίζαμε, ὅταν
πρόπερσι στὴν παρέα μας εἶχε μπεῖ.
Μὰ ζοῦσεν ἀπολύτως σὰν κ' ἐμᾶς.
Ἀπ' ὅλους μας πιὸ ἔκδοτος στὲς ἡδονές·
σκορπώντας ἀφειδῶς τὸ χρῆμα του στὲς διασκεδάσεις.
Γιὰ τὴν ὑπόληψι τοῦ κόσμου ξένοιαστος,
ρίχνονταν πρόθυμα σὲ νύχτιες ρήξεις στὲς ὁδοὺς
ὅταν ἐτύχαινε ἡ παρέα μας
νὰ συναντήσει ἀντίθετη παρέα.
Ποτὲ γιὰ τὴν θρησκεία του δὲν μιλοῦσε.
Μάλιστα μιὰ φορὰ τὸν εἴπαμε
πὼς θὰ τὸν πάρουμε μαζύ μας στὸ Σεράπιον.
Ὅμως σὰν νὰ δυσαρεστήθηκε
μ' αὐτόν μας τὸν ἀστεϊσμό: θυμοῦμαι τώρα.
Ἆ κι ἄλλες δυὸ φορὲς τώρα στὸν νοῦ μου ἔρχονται.
Ὅταν στὸν Ποσειδῶνα κάμναμε σπονδές,
τραβήχθηκε ἀπ' τὸν κύκλο μας, κ' ἔστρεψε ἀλλοῦ τὸ βλέμμα.
Ὅταν ἐνθουσιασμένος ἕνας μας
εἶπεν, Ἡ συντροφιά μας νἆναι ὑπὸ
τὴν εὔνοιαν καὶ τὴν προστασίαν τοῦ μεγάλου,
τοῦ πανωραίου Ἀπόλλωνος – ψιθύρισεν ὁ Μύρης
(οἱ ἄλλοι δὲν ἄκουσαν) »τῇ ἐξαιρέσει ἐμοῦ«.

Οἱ Χριστιανοὶ ἱερεῖς μεγαλοφώνως
γιὰ τὴν ψυχὴ τοῦ νέου δέονταν. –
Παρατηροῦσα μὲ πόση ἐπιμέλεια,
καὶ μὲ τί προσοχὴν ἐντατικὴ
στοὺς τύπους τῆς θρησκείας τους, ἑτοιμάζονταν
ὅλα γιὰ τὴν χριστιανικὴ κηδεία.

Voll Inbrunst und flehten zu Jesus
Und zu einer Maria (ich kenne ihren Kult nicht genau).

Natürlich wußten wir, daß Myris Christ war.
Von der ersten Stunde an wußten wir das, als er
Uns zugeflattert war, uns, den Unzertrennlichen.
Sein Leben brachte er hin wie wir.
Mehr noch als alle anderen war er den Lüsten ausgeliefert:
Warf sein Geld raus für Zerstreuungen.
Was seine Umgebung von ihm dachte, war ihm egal.
Allzu bereit warf er sich in die Nacht, um die Männerreihen
zu sprengen,
Wenn unsere Gruppe gelegentlich auf eine gegnerische
Gruppe stieß.
Niemals sprach er von seiner Religion.
So sagten wir einmal zu ihm,
Wir nähmen ihn gern mit ins Serapeion.
Es war, als ob er sich geärgert hätte über den Scherz:
Daran erinnere ich mich jetzt.
Ach, und zwei weitere Gelegenheiten kommen mir wieder in
den Sinn:
Als wir Poseidon Trankopfer brachten,
Entzog er sich dem Kreis, drehte sich weg, schaute woandershin.
Sprach inbrünstig einer von uns:
Oh, möge unsere Bruderschaft
Unter dem Wohlwollen und Schutz des großmächtigen,
Allschönen Apollon stehen – flüsterte Myris
(Die anderen hörten nicht): »Das ohne mich!«

Mit gewaltigen Stimmen baten die Christenpriester
Für die Seele des Jungen.
Ich sah ihre große Sorgfalt,
Sah, mit welch strenger Achtung
Religiöser Riten sie alles
Zum christlichen Begräbnis bereiteten.

Κ' ἐξαίφνης μὲ κυρίευσε μιὰ ἀλλόκοτη
ἐντύπωσις. Ἀόριστα, αἰσθάνομουν
σάν νἄφευγεν ἀπὸ κοντά μου ὁ Μύρης·
αἰσθάνομουν ποὺ ἑνώθη, Χριστιανός,
μὲ τοὺς δικούς του, καὶ ποὺ γένομουν
ξ έ ν ο ς ἐγώ, ξ έ ν ο ς π ο λ ύ· ἔνοιωθα κιόλα
μιὰ ἀμφιβολία νὰ μὲ σιμώνει: μήπως κ' εἶχα γελασθεῖ
ἀπὸ τὸ πάθος μου, καὶ π ά ν τ α τοῦ ἤμουν ξένος. –
Πετάχθηκα ἔξω ἀπ' τὸ φρικτό τους σπίτι,
ἔφυγα γρήγορα πρὶν ἁρπαχθεῖ, πρὶν ἀλλοιωθεῖ
ἀπ' τὴν χριστιανοσύνη τους ἡ θύμηση τοῦ Μύρη.

Plötzlich überfiel mich seltsame Beklemmung.
Unbestimmt fühlte ich Myris aus meiner Nähe fliehen:
Ich fühlte, daß er vereint war, er, der Christ,
Mit Christen, und ich, ich wurde
Fremd, sehr fremd: ich spürte
Zweifel aufkommen: war ich vielleicht betrogen worden
Von meiner Leidenschaft, war ich ihm gänzlich fremd?
Ich stürzte aus dem schauderhaften Haus,
Floh schnell, bevor mir die Erinnerung an Myris
Geraubt und fremd geworden wäre
Durch all die Christlichkeit.

ΟΥΚ ΕΓΝΩΣ

Γιὰ τὲς θρησκευτικές μας δοξασίες –
ὁ κοῦφος Ἰουλιανὸς εἶπεν »Ἀνέγνων, ἔγνων,
κατέγνων«. Τάχατες μᾶς ἐκμηδένισε
μὲ τὸ »κατέγνων« του, ὁ γελοιωδέστατος.

Τέτοιες ξυπνάδες ὅμως πέρασι δὲν ἔχουνε σ' ἐμᾶς
τοὺς Χριστιανούς. »Ἀνέγνως, ἀλλ' οὐκ ἔγνως· εἰ γὰρ ἔγνως,
οὐκ ἂν κατέγνως« ἀπαντήσαμεν ἀμέσως.

ERKANNTEST ABER NICHT

Über sein Verständnis unserer Religion
Erlaubte sich der hohle Julian den Scherz: »Anerkannte,
Erkannte, aberkannte!« Wie wenn er uns ins Nichts
    verstoßen könnte
Mit seinem »Aberkannte!«, der Lächerlichste.

Klugscheißerei als Wortspiel ist uns, den Christen,
Nichts. »Erkanntest an, erkanntest aber nicht:
Doch wenn erkannt, nicht aberkannt!«
Antworteten wir bündig.

ΜΕΓΑΛΗ ΣΥΝΟΔΕΙΑ ΕΞ ΙΕΡΕΩΝ ΚΑΙ ΛΑΪΚΩΝ

Ἐξ ἱερέων καὶ λαϊκῶν μιὰ συνοδεία,
ἀντιπροσωπευμένα πάντα τὰ ἐπαγγέλματα,
διέρχεται ὁδούς, πλατέες, καὶ πύλες
τῆς περιωνύμου πόλεως Ἀντιοχείας.
Στῆς ἐπιβλητικῆς, μεγάλης συνοδείας τὴν ἀρχὴ
ὡραῖος, λευκοντυμένος ἔφηβος βαστᾶ
μὲ ἀνυψωμένα χέρια τὸν Σταυρόν,
τὴν δύναμιν καὶ τὴν ἐλπίδα μας, τὸν ἅγιον Σταυρόν.
Οἱ ἐθνικοί, οἱ πρὶν τοσοῦτον ὑπερφίαλοι,
συνεσταλμένοι τώρα καὶ δειλοὶ μὲ βίαν
ἀπομακρύνονται ἀπὸ τὴν συνοδείαν.
Μακρὰν ἡμῶν, μακρὰν ἡμῶν νὰ μένουν πάντα
(ὅσο τὴν πλάνη τους δὲν ἀπαρνοῦνται). Προχωρεῖ
ὁ ἅγιος Σταυρός. Εἰς κάθε συνοικίαν
ὅπου ἐν θεοσεβείᾳ ζοῦν οἱ Χριστιανοὶ
φέρει παρηγορίαν καὶ χαρά:
βγαίνουν, οἱ εὐλαβεῖς, στὲς πόρτες τῶν σπιτιῶν τους
καὶ πλήρεις ἀγαλλιάσεως τὸν προσκυνοῦν –
τὴν δύναμιν, τὴν σωτηρίαν τῆς οἰκουμένης, τὸν Σταυρόν. –

Εἶναι μιὰ ἐτήσια ἑορτὴ Χριστιανική.
Μὰ σήμερα τελεῖται, ἰδού, πιὸ ἐπιφανῶς.
Λυτρώθηκε τὸ κράτος ἐπὶ τέλους.
Ὁ μιαρότατος, ὁ ἀποτρόπαιος
Ἰουλιανὸς δὲν βασιλεύει πιά.

Ὑπὲρ τοῦ εὐσεβεστάτου Ἰοβιανοῦ εὐχηθῶμεν.

GROSSER ZUG DER PRIESTER UND LAIEN

Priester und Laien schließen die Reihen,
Alle Berufe und Stände.
Ein endloser Zug, marschieren sie
Über Straßen und Plätze und durch die Tore
Antiochias – der Hauptstadt des Reiches.
Eindrucksvoll trägt an der Spitze des Zuges
Ein strahlender junger Mann, ganz in Weiß,
Unsere Kraft und Hoffnung voran – das Kreuz, das heilige Kreuz.
Die Heiden, stets anmaßend und frech,
Werden kleinlaut und feige, hastig und ängstlich
Machen sie sich davon. Weg mit ihnen, vom Halse sollen sie uns bleiben
(Solange sie ihren Irrtum und ihre Schuld bestreiten). Das heilige Kreuz
Stößt vor: In alle Viertel,
Wo Christen in Gottesfurcht leben,
Bringt es Freude und Trost.
Die Frommen in den Haustüren
Jubeln ihm anbetend zu – dem Kreuz,
Kraft und Heil der ganzen Welt.

Ein Fest der Christen, Jahr um Jahr,
Nur heute viel schöner.
Gerettet ist das Reich am Ende.
Julian, der abscheulich Gezeichnete, ist nicht mehr an der Macht.

Für Jovian, unseren Herrn, laßt uns nun beten.

Reliquienprozession von Priestern und Laien zur Einweihung einer neuerrichteten Kirche

»Ποῦ ἀπεσύρθηκε, ποῦ ἐχάθηκε ὁ Σοφός;
Ἔπειτ' ἀπὸ τὰ θαύματά του τὰ πολλά,
τὴν φήμη τῆς διδασκαλίας του
ποὺ διεδόθηκεν εἰς τόσα ἔθνη
ἐκρύφθηκ' αἴφνης καὶ δὲν ἔμαθε κανεὶς
μὲ θετικότητα τί ἔγινε
(οὐδὲ κανεὶς ποτὲ εἶδε τάφον του).
Ἔβγαλαν μερικοὶ πὼς πέθανε στὴν Ἔφεσο.
Δὲν τὄγραψεν ὁ Δάμις ὅμως· τίποτε
γιὰ θάνατο τοῦ Ἀπολλωνίου δὲν ἔγραψεν ὁ Δάμις.
Ἄλλοι εἶπανε πὼς ἔγινε ἄφαντος στὴν Λίνδο.
Ἢ μήπως εἶν' ἐκείν' ἡ ἱστορία
ἀληθινή, ποὺ ἀνελήφθηκε στὴν Κρήτη,
στὸ ἀρχαῖο τῆς Δικτύννης ἱερόν. –
Ἀλλ' ὅμως ἔχουμε τὴν θαυμασία,
τὴν ὑπερφυσικὴν ἐμφάνισί του
εἰς ἕναν νέον σπουδαστὴ στὰ Τύανα. –
Ἴσως δὲν ἦλθεν ὁ καιρὸς γιὰ νὰ ἐπιστρέψει,
γιὰ νὰ φανερωθεῖ στὸν κόσμο πάλι·
ἢ μεταμορφωμένος, ἴσως, μεταξύ μας
γυρίζει ἀγνώριστος. – Μὰ θὰ ξαναφανερωθεῖ
ὡς ἦτανε, διδάσκοντας τὰ ὀρθά· καὶ τότε βέβαια
θὰ ἐπαναφέρει τὴν λατρεία τῶν θεῶν μας,
καὶ τὲς καλαίσθητες ἑλληνικές μας τελετές.«

Ἔτσι ερέμβαζε στὴν πενιχρή του κατοικία –
μετὰ μιὰ ἀνάγνωσι τοῦ Φιλοστράτου
»Τὰ ἐς τὸν Τυανέα Ἀπολλώνιον« –
ἕνας ἀπὸ τοὺς λίγους ἐθνικούς,
τοὺς πολὺ λίγους ποὺ εἶχαν μείνει. Ἄλλωστε – ἀσήμαντος
ἄνθρωπος καὶ δειλὸς – στὸ φανερὸν
ἔκανε τὸν Χριστιανὸ κι αὐτὸς κ' ἐκκλησιάζονταν.

»Wo ist er hin, wo hält er sich verborgen, der Wissende?
Nach so viel Wundertat.
Seine Lehre eilte ihm voraus,
Wie vielen Völkern hat er sie gebracht!
Doch dann verbarg er sich, und niemand
Wußte mit Bestimmtheit, was geschehen war
(Keiner hat je sein Grab gesehen).
Einige glauben, er sei in Ephesos gestorben.
Bei Damis nichts darüber: Vom Tod
Des Apollonios kein Wort.
Andere erzählten sich, er sei in Lindos verschwunden.
Oder spricht jene Geschichte wahr,
Er sei auf Kreta entrückt worden
Im alten Heiligtum der Göttin Diktýnna?
Doch wissen wir auch von seiner wundersam
Übernatürlichen Auferstehung zu Týana,
Überliefert bei einem jungen Adepten. –
Noch war die Zeit seiner Wiederkunft nicht gekommen.
Auf daß er sich von neuem der Welt offenbare:
Vielleicht wandelt er unter uns in anderer Gestalt,
Uns unerkennbar. – Doch wird er sich offenbaren,
So wie er war, ein Lehrer der Wahrheit. Wahrlich,
Erneuern wird er die Anbetung unserer Götter
Und unsere schönen griechischen Feste.«

So schwärmte in seinen nüchternen Wänden –
Nach dem Studium von Philostratos'
»Leben des Apollonios von Týana« –
Einem der letzten Heiden,
Von so vielen ein Übriggebliebener. Unauffällig
Und feige, gab er nach außen vor,
Christ zu sein und kirchentreu.

Ἦταν ἡ ἐποχὴ καθ' ἣν βασίλευεν,
ἐν ἄκρᾳ εὐλαβείᾳ, ὁ γέρων Ἰουστῖνος,
κ' ἡ Ἀλεξάνδρεια, πόλις θεοσεβής,
ἀθλίους εἰδωλολάτρας ἀποστρέφονταν.

Dies begab sich zu jener Zeit der tiefsten Frömmigkeit,
Als der Greis Justinus Kaiser war
Und Alexandria, die gottesfürchtige Stadt,
Elende Götzendiener verabscheute.

ΑΝΝΑ ΔΑΛΑΣΣΗΝΗ

Εἰς τὸ χρυσόβουλλον ποὺ ἔβγαλ' ὁ Ἀλέξιος Κομνηνὸς
γιὰ νὰ τιμήσει τὴν μητέρα του ἐπιφανῶς,
τὴν λίαν νοήμονα Κυρίαν Ἄννα Δαλασσηνὴ –
τὴν ἀξιόλογη στὰ ἔργα της, στὰ ἤθη –
ὑπάρχουν διάφορα ἐγκωμιαστικά·
ἐδῶ ἂς μεταφέρουμε ἀπὸ αὐτὰ
μιὰ φράσιν ἔμορφην, εὐγενικὴ
»Οὐ τὸ ἐμὸν ἢ τὸ σόν, τὸ ψυχρὸν τοῦτο ρῆμα, ἐρρήθη«.

ANNA DALASSINÍ

Im goldenen Erlaß, den Aléxios Komninós schreiben ließ,
Um die Ehre seiner Mutter vor aller Augen aufzurichten,
Der so sehr klugen Dame Anna Dalassiní
(Durch ihre Taten, ihren Herzensadel rühmenswert),
Finden sich verschiedene Lobpreisungen: an dieser Stelle
Sei eine herausgestellt,
Nur eine Zeile, schöngestaltig und voller Feingefühl:
»*Mein* und *Dein*, kalter Reim, nie ward er zwischen uns
gesprochen.«

ΑΝΝΑ ΚΟΜΝΗΝΗ

Στὸν πρόλογο τῆς Ἀλεξιάδος της θρηνεῖ,
γιὰ τὴν χηρεία της ἡ Ἄννα Κομνηνή.

Εἰς ἴλιγγον εἶν' ἡ ψυχή της. »Καὶ
ρείθροις δακρύων«, μᾶς λέγει, »περιτέγγω
τοὺς ὀφθαλμούς . . . . . Φεῦ τῶν κυμάτων« τῆς ζωῆς της,
»φεῦ τῶν ἐπαναστάσεων«. Τὴν καίει ἡ ὀδύνη
»μέχρις ὀστέων καὶ μυελῶν καὶ μερισμοῦ ψυχῆς«.

Ὅμως ἡ ἀλήθεια μοιάζει ποὺ μιὰ λύπη μόνην
καιρίαν ἐγνώρισεν ἡ φίλαρχη γυναῖκα·
ἕναν καϋμὸ βαθὺ μονάχα εἶχε
(κι ἂς μὴν τ' ὁμολογεῖ) ἡ ἀγέρωχη αὐτὴ Γραικιά,
ποὺ δὲν κατάφερε, μ' ὅλην τὴν δεξιότητά της,
τὴν Βασιλείαν ν' ἀποκτήσει· μὰ τὴν πῆρε
σχεδὸν μέσ' ἀπ' τὰ χέρια της ὁ προπετὴς Ἰωάννης.

Kaiserin Eirini Komniní

Im Vorwort ihrer *Alexías* hebt sie zu jammern an
Über ihren Witwenstand, Anna Komniní.

Im Schwindel taumelt ihre Seele.
In Strömen meiner Tränen, schreibt sie für uns,
Ertränke ich die Augen . . . weh, Wogen ihres Lebens,
Weh all dem Aufruhr. Der Schmerz frißt lodernd
Bis in der Knochen Hohl, ins Weichmark und in der Seele
Fernste Kammern.

Die Wahrheit scheint: Ein einziger Kummer
Schmerzte empfindlich, brannte im Kopf der machthungrigen
Frau:
Einen einzigen versteckten Gram
(Nie eingestanden) hatte die hoffärtige Griechin,
Daß es ihr nicht gelang, wie sehr sie auch Ränke spann mit links,
Die Krone zu erwirken: die nahm ihr aus den Händen leicht
Ihr ungestümer Bruder Joannis.

ΜΑΝΟΥΗΛ ΚΟΜΝΗΝΟΣ

Ὁ βασιλεὺς κὺρ Μανουὴλ ὁ Κομνηνὸς
μιὰ μέρα μελαγχολικὴ τοῦ Σεπτεμβρίου
αἰσθάνθηκε τὸν θάνατο κοντά. Οἱ ἀστρολόγοι
(οἱ πληρωμένοι) τῆς αὐλῆς ἐφλυαροῦσαν
ποὺ ἄλλα πολλὰ χρόνια θὰ ζήσει ἀκόμη.
Ἐνῶ ὅμως ἔλεγαν αὐτοί, ἐκεῖνος
παληὲς συνήθειες εὐλαβεῖς θυμᾶται,
κι ἀπ' τὰ κελλιὰ τῶν μοναχῶν προστάζει
ἐνδύματα ἐκκλησιαστικὰ νὰ φέρουν,
καὶ τὰ φορεῖ, κ' εὐφραίνεται ποὺ δείχνει
ὄψι σεμνὴν ἱερέως ἢ καλογήρου.

Εὐτυχισμένοι ὅλοι ποὺ πιστεύουν,
καὶ σὰν τὸν βασιλέα κύρ Μανουὴλ τελειώνουν
ντυμένοι μὲς στὴν πίστι των σεμνότατα.

Joannes Kantakouzinós

MANUEL KOMNINÓS

Der König, der ehrenwerte Manuel Komninós
(Wie Galle schwarz war der Septembertag),
Witterte den Tod. Die Wahrsager
Am Hof – Angestellte – faselten,
Daß er noch viele Jahre leben werde.
Noch während sie so sprachen, besinnt er sich
Auf einen frommen alten Brauch,
Und aus den Mönchszellen verlangt er
Nach der Kirche Kleid.
Das legt er an, beglückt, wie es ihn zeigt
Bescheiden als Priester oder Mönch.

Glückselig, die da glauben
Und dem König gleich, dem ehrenwerten Manuel,
    das Ende finden,
Tiefgläubig im geringsten Kleid.

ΑΠΟ ΥΑΛΙ ΧΡΩΜΑΤΙΣΤΟ

Πολὺ μὲ συγκινεῖ μιὰ λεπτομέρεια
στὴν στέψιν, ἐν Βλαχέρναις, τοῦ Ἰωάννη Καντακουζηνοῦ
καὶ τῆς Εἰρήνης Ἀνδρονίκου Ἀσάν.
Ὅπως δὲν εἶχαν παρὰ λίγους πολυτίμους λίθους
(τοῦ ταλαιπώρου κράτους μας ἦταν μεγάλ' ἡ πτώχεια)
φόρεσαν τεχνητούς. Ἕνα σωρὸ κομμάτια ἀπὸ ὑαλί,
κόκκινα, πράσινα ἢ γαλάζια. Τίποτε
τὸ ταπεινὸν ἢ τὸ ἀναξιοπρεπὲς
δὲν ἔχουν κατ' ἐμὲ τὰ κομματάκια αὐτὰ
ἀπὸ ὑαλὶ χρωματιστό. Μοιάζουνε τουναντίον
σὰν μιὰ διαμαρτυρία θλιβερὴ
κατὰ τῆς ἄδικης κακομοιριᾶς τῶν στεφομένων.
Εἶναι τὰ σύμβολα τοῦ τί ἥρμοζε νὰ ἔχουν,
τοῦ τί ἐξ ἅπαντος ἦταν ὀρθὸν νὰ ἔχουν
στὴν στέψι των ἕνας Κὺρ Ἰωάννης Καντακουζηνός,
μιὰ Κυρία Εἰρήνη Ἀνδρονίκου Ἀσάν.

Christus krönt das Herrscherpaar von Byzanz

GEFÄRBTES GLAS

Eine Kleinigkeit traf mich tief,
Als sie in der Palastkapelle zu Blachernai
Joannis Kantakouzinós und die Eiríni krönten –
Sie war die Tochter Andronikoú Asáns:
Weil sie nichts vorzuweisen hatten an Edelsteinen
(Ihre elende Herrschaft schenkte uns nichts als große Not),
Krönten sie sich mit Flitter. Ein Haufen Splitter
Von rotem, grünem, milchigweißem Glas. Nicht gering,
Ärmlich und würdelos erscheinen mir diese Splitter
Aus eingefärbtem Glas. Im Gegenteil: es ist ihre Aufgabe,
Sich traurig zu erheben
Gegen das bedauerliche Versagen der Gekrönten.
Sinnbild für das, was ihnen zusteht – unumstößlich,
Was bei ihrer Krönung zu tragen
Sie ganz und gar verdient haben,
Der ehrenwerte »Herr« Joannis Kantakouzinós
Und die »Dame« Eiríni Asán Andronikoú.

ΠΕΡΙΜΕΝΟΝΤΑΣ ΤΟΥΣ ΒΑΡΒΑΡΟΥΣ

– Τί περιμένουμε στὴν ἀγορὰ συναθροισμένοι;

  Εἶναι οἱ βάρβαροι νὰ φθάσουν σήμερα.

– Γιατί μέσα στὴν Σύγκλητο μιὰ τέτοια ἀπραξία;
Τί κάθοντ' οἱ Συγκλητικοὶ καὶ δὲν νομοθετοῦνε;

  Γιατὶ οἱ βάρβαροι θὰ φθάσουν σήμερα.
  Τί νόμους πιὰ θὰ κάμουν οἱ Συγκλητικοί;
  Οἱ βάρβαροι σὰν ἔλθουν θὰ νομοθετήσουν.

– Γιατί ὁ αὐτοκράτωρ μας τόσο πρωῒ σηκώθη,
καὶ κάθεται στῆς πόλεως τὴν πιὸ μεγάλη πύλη
στὸν θρόνο ἐπάνω, ἐπίσημος, φορῶντας τὴν κορώνα;

  Γιατὶ οἱ βάρβαροι θὰ φθάσουν σήμερα.
  Κι ὁ αὐτοκράτωρ περιμένει νά δεχθεῖ
  τὸν ἀρχηγό τους. Μάλιστα ἑτοίμασε
  γιὰ νὰ τὸν δώσει μιὰ περγαμηνή. Ἐκεῖ
  τὸν ἔγραψε τίτλους πολλούς κι ὀνόματα.

– Γιατί οἱ δυό μας ὕπατοι κ' οἱ πραίτορες ἐβγῆκαν
σήμερα μὲ τὲς κόκκινες, τὲς κεντημένες τόγες·
γιατί βραχιόλια φόρεσαν μὲ τόσους ἀμεθύστους,
καὶ δαχτυλίδια μὲ λαμπρά, γυαλιστερὰ σμαράγδια·
γιατί νὰ πιάσουν σήμερα πολύτιμα μπαστούνια
μ' ἀσήμια καὶ μαλάματα ἔκτακα σκαλιγμένα;

  Γιατὶ οἱ βάρβαροι θὰ φθάσουν σήμερα·
  καὶ τέτοια πράγματα θαμπώνουν τούς βαρβάρους.

WIR WARTEN AUF BARBAREN

Warum warten wir versammelt auf dem Markt?

  Heute kommen die Barbaren!

Warum dieses Nichtstun im gesetzgebenden Rat?
Was sitzen die da und ordnen nichts an?

  Heute kommen die Barbaren!
  Was soll der Rat noch anordnen?
  Gesetze werden die Barbaren machen, wenn sie da sind.

Warum war der Herrscher früher als sonst auf den Beinen
Und thront nun unterm größten Stadttor,
Hochoffiziell im Glanz seiner Krone?

  Heute kommen die Barbaren! Gebührend will
  Der Kaiser ihren Führer empfangen. Ja, eine vorbereitete
  Urkunde wird er ihm überreichen,
  Und mit diesem Pergament
  Verleiht er ihm Beinamen und viele Titel.

Warum stolzieren unsere beiden Konsuln und die Prätoren
Heute in den roten, bestickten Togen umher?
Warum tragen sie Armreife mit Amethysten und
Fingerringe mit hell glitzernden Smaragden?
Warum halten sie heute prachtvolle Szepter,
Gegossen aus Silber und Gold?

  Heute kommen die Barbaren! Und solche
  Aufmerksamkeiten schinden Eindruck bei Barbaren!

– Γιατί κ' οἱ ἄξιοι ρήτορες δὲν ἔρχονται σὰν πάντα
νὰ βγάλουνε τοὺς λόγους τους, νὰ ποῦνε τὰ δικά τους;

Γιατὶ οἱ βάρβαροι θὰ φθάσουν σήμερα·
κι αὐτοὶ βαρυοῦντ' εὐφράδειες καὶ δημηγορίες.

– Γιατί ν' ἀρχίσει μονομιᾶς αὐτὴ ἡ ἀνησυχία
κ' ἡ σύγχυσις. (Τὰ πρόσωπα τί σοβαρὰ ποὺ ἐγίναν).
Γιατί ἀδειάζουν γρήγορα οἱ δρόμοι κ' ἡ πλατέες,
κι ὅλοι γυρνοῦν στὰ σπίτια τους πολὺ συλλογισμένοι;

Γιατὶ ἐνύχτωσε κ' οἱ βάρβαροι δὲν ἦλθαν.
Καὶ μερικοὶ ἔφθασαν ἀπ' τὰ σύνορα,
καὶ εἶπανε πὼς βάρβαροι πιὰ δὲν ὑπάρχουν.

Καὶ τώρα τί θὰ γένουμε χωρὶς βαρβάρους.
Οἱ ἄνθρωποι αὐτοὶ ἦσαν μιὰ κάποια λύσις.

Warum treten dann nicht auch Festredner auf, wie üblich,
Um Staat zu machen mit ihren Phrasen ?

Heute kommen die Barbaren! Und für die sind
Vorformulierte Staatsreden eine Qual.

Warum sind wir plötzlich unruhig und verwirrt?
Warum leeren sich Straßen und Plätze,
Und alle gehen nach Hause mit langen Gesichtern?

Weil es dunkel geworden ist und die Barbaren nicht kamen!
Es kamen welche von den Grenzen, die sagten,
Daß es gar keine Barbaren gäbe!

Was machen wir jetzt bloß ohne Barbaren?
Die waren doch unsere Lösung!

HALBMONDZEIT

Die Halbmondzeit begann am Morgen. Als sich die Nebel über den Wassern zwischen Europa und Asien gehoben hatten, stieg eine fahle Sonne auf und durchstieß die Fetzen der schweren, fetten und rußigen Luft. Ascheflocken regneten sanft herab. Schiffe mit gebrochenen Masten und zerfetzter Takelage dümpelten auf den Wellen. Fettaugen von zähem Öl und schwarzem Pech glitzerten an den Ufern, Überreste des berühmten Feuers, das einst der Syrer Kallinikos erfunden und dessen Formel man eifersüchtig gehütet hatte. Die erhoffte Rettung hatte der Einsatz des »griechischen Feuers« nicht mehr gebracht.

Einlaß gefunden hatte die Halbmondzeit durch ein kleines Tor: sonntäglich freundlich, fast jungfräulich hatte es sich geöffnet inmitten von Toten und Blut: Kerkaporta.
Das Kreuz war polternd von der goldenen Kuppel gestürzt; nun war jeglicher Laut erstorben.
Konstantinopel fiel am 29. Mai im Jahr des Herrn 1453 und im vierten Jahr der Regierung des Herrn Konstantin XI. Dragases aus dem Geschlecht der Paläologen.

Von ihm geblieben war unter den Mauern eine purpurne Sandale, mit dem goldenen Doppeladler bestickt, feucht von langsam trocknendem Blut. Zwei solcher Sandalen hatten die Füße des Kaisers umkleidet, die ihn drei Tage zuvor über den Boden unter der unmenschlich riesigen Kuppel getragen hatten, steifen und festen Schrittes im Angesicht des Todes, um auf der für des Kaisers Füße vorgeschriebenen Porphyrplatte, die in den Boden eingelassen war, haltzumachen. Füße seines Reiches hatten sich dann um ihn geschart, ein letztes Mal in der Zeit der Menschen: gesalbte Füße, Füße von Soldaten, Füße von Priestern, die verhüllten Füße der hohen Würdenträger und der Blutsverwandtschaft, Füße, die vom fernen Westen hergekommen waren und sich beeilten, nach der Zeremonie den Boden der Stadt auf Schiffsplanken zu verlassen . . .

Stunde um Stunde hatte man die alten, vorgeschriebenen Gebete gesprochen, hatte Weihrauch abgebrannt und in vielen Stimmen gesungen, Gesänge, von denen man einst gesagt hatte, daß sie den Sterblichen die Sinne raubten und Träume von ewigen Himmeln unter mondrunden Kuppeln der Ewigen Weisheit träumen ließen. Gefallen war die Stadt des Konstantin, des »Siegers im Zeichen des Kreuzes«.

Der Untergang Konstantinopels war und ist ein großer Schmerz der Griechen – bis heute; wir erfahren ihn in den demotischen Liedern Griechenlands:
»Ach, Ajia Sophia, mit deinen vierhundertachtzehn Glocken, fünfundsechzig Bischöfen, vierhundert Erzpriestern und hundertzwei Diakonen! Hier singen, ein Gesangbuch in Händen, der Kaiser zur Linken und der Patriarch zur Rechten, während Brot und Wein zum Altar getragen werden. Da erschallt eine Stimme aus Erzengelmund: ›Hört auf mit Singen, bergt heiligen Kelch und Patene und gebt Kunde dem Westen, die Türken hätten Konstantinopel genommen. Berichtet, sie verheerten die Stadt, keine Maus blieb zurück. Genommen haben sie die Ajia Sophia mit den goldenen Heiligenbildern, der Heiligen Schrift und den Altären.‹ Als die Gottesmutter das hörte, weinte sie. Michael und Gabriel trösteten sie:‹Weine nicht, Herrin, irgendwann wieder wird Konstantinopel unser sein!‹« Dieser *Rizítiko* stammt aus Kreta, wo die Männer bis auf den heutigen Tag schwarze Kleidung tragen, die sie erst ablegen an dem Tag, der die Befreiung der »Polis« bringt. Der Dichter Kavafis barg in sich diesen Schmerz und betonte oft: »Meiner Herkunft nach bin ich Konstantinopolitaner, geboren allerdings in Alexandria!« Aber ein weiteres Ereignis er-

schütterte seine Geisteswelt, ganz unmittelbar und nicht aus der Distanz der Jahrhunderte: 1922 war das Jahr der kleinasiatischen Katastrophe. Griechenland hatte von einem Großhellas geträumt, doch der Zug der griechischen Armee gegen den General Kemal Atatürk war kein neuer Alexanderzug geworden, er endete in Desaster und Vernichtung. Anderthalb Millionen Griechen mußten ihre kleinasiatische Heimat verlassen, um in Griechenland zu siedeln. Eine nationale Wunde war aufgebrochen, verursacht durch neuzeitliche phantastische Träumereien von einer hellenischen Großmacht: Erde als griechische zu deklarieren, wo doch ganz Europa seine Wiege im Griechischsein hatte. Kavafis, der von sich sagte: »Ich bin kein Grieche, ich bin griechisch!«, spürte den tiefsten Einschnitt in der Geschichte seines Volkes, den Wechsel vom ›Griechischsein‹ als Lebensart zum ›Grieche sein‹ als nationale Verpflichtung. Seferis, selber in Smyrna an der kleinasiatischen Küste aufgewachsen, faßte zusammen: »Das, was man gewöhnlich als ›griechische Diaspora‹ bezeichnete und was wir das ›Geschlecht der Hellenen‹ nannten, war verschwunden. Zum ersten Mal war das gesamte Griechentum, von einigen Ablegern abgesehen, innerhalb der Grenzen des griechischen Staates konzentriert.«
Kavafis verarbeitet seine Gefühle und Ahnungen in dichter und kürzester Form in einem wunderbaren Gedicht: In *Auf die Krieger Achaias* (S. 51) werden Vergangenheit und Gegenwart für einen Augenblick synchron, der Dichter zum Zeitgenossen, sowohl in der aktuellen, beschriebenen Situation als auch für die nachgeborenen Menschen, für uns, die wir sein Gedicht lesen. In dem Moment, in dem er von der historischen Situation – dem Schicksalsjahr 1922 – erschüttert und gequält wird, läßt er sich darauf ein, raffiniert und ein wenig wie ein Fälscher im archäologischen Sinn: Er verfaßt eine Inschrift in der Art, wie sie auf Bleitafeln in Alexandria üblich waren, ein Epigramm auf die Schlacht von Leukopetra im Jahr 146 v. Chr., als das Bundesheer Achaias unter der Füh-

rung der unfähigen Strategen Díaios und Kritólaos durch die Römer ausgelöscht wurde. Korinth wurde zerstört, der achaische Bund aufgelöst, Griechenland verlor damals endgültig seine Unabhängigkeit.
Kavafis geht soweit, in die Rolle des Verfassers der Inschrift zu schlüpfen, eines alexandrinischen Griechen im siebten Jahr der Regierung Ptolemaios' IX., »des Furzers« (weil der so gern Bohnen aß), im Jahr 109 v. Chr., als wirtschaftlicher und kultureller Niedergang, Verarmung und politische Intrigen das Reich am Nil erschüttern. Als Ptolemaios schließlich flieht, steht Ägypten den Römern offen.
Dieses Dokument legt Kavafis uns vor, und obwohl unsichtbar, wird er zum Zeitgenossen dreier Schicksalsjahre: 146 v. Chr., 109 v. Chr. und 1922 n. Chr. So werden für Augenblicke drei Epochen gleichzeitig Realität, und wir, die Leser, werden Teil der Geschichte und nehmen Anteil. Wenn Kavafis von Menschen oder Ereignissen spricht, die ihn anrühren, gelingt es ihm, uns einen Schmerz zuzufügen über Verluste, die unwiederbringlich sind, über Zerfall und Vergehen, die wir spüren, selbst wenn wir Protagonisten und Umstände nicht genauer kennen. Andernfalls bliebe Kavafis ein Dichter für Gelehrte und ein Historiograph. Er selbst hat uns gemahnt mit dem Ausspruch: »Ich bin ein historischer Dichter.« Kavafis hütet in sich den großen Schatz gelehrter Tradition und den Reichtum einer unermeßlichen Literatur von mehr als zweitausend Jahren. Sein Material stammt aus den Klöstern und Bibliotheken der griechischen *Koiné* in Konstantinopel, Athen und Alexandria, auf dem Sinai und dem Athos, aus Smyrna und Sizilien, der großgriechischen Gemeinschaft also, die sich über eine »gemeinsame Zunge«, also Sprache, definiert und nicht über einen modernen Nationalstaat in Gebieten der Balkanhalbinsel oder der Levante. Der Dichter weiht sein Schaffen der »Mnéme«, dem Erinnern, er wird zum Bewahrer. So umkreisen die »historischen« Gedichte Kavafis' ihr Thema: den sicheren, nie aber konkret vorhersehbaren

Untergang bestehender Verhältnisse. Unbeachtete Nebensächlichkeiten – etwa die farbigen Glassteine in der Kaiserkrone des zerbrechenden Byzantinerreiches – und Nebenpersonen bedeutender Ereignisse werden zu Hauptsachen und Hauptpersonen. Nicht Sternstunden der Geschichte, sondern der vergängliche Augenblick wird festgehalten. Illusionslos, ohne Klage, mit melancholischer Ironie verdeckt Kavafis in Szenen seiner Gedichte die persönliche Wunde: den unwiederbringlichen Verlust einer großen Vergangenheit. Die Sprache des Dichters bleibt dabei karg und antipoetisch, geht bis an die Grenze, wo Lyrik zu Prosa wird.

Das alte Byzantion hatte Konstantin sich als Neues Rom im Jahre 330 zur Hauptstadt am Bosporus erkoren. In einem Toleranzedikt hatte er sich mit einer neuen Religion arrangiert: Christen waren den Anhängern des alten Götterglaubens gleichberechtigt. Auf dem Totenbett empfängt der Kaiser durch seinen Bischof Eusebius die Taufe. Doch vielen bleiben das junge Christentum und dessen Bräuche fremd. Noch zur Regierungszeit des Soldatenkaisers Justinus I. (518-527) träumt im fernen Alexandria ein vermeintlicher Christ von der Rückkunft seines ›Heilands‹ Apollonios von Tyana (Wundertäter und Neupythagoräer des 1. Jh. n. Chr.) und der Restauration heidnischer Festbräuche (S. 85). Der Neffe Konstantins, der »hohle Julian«, der als Alleinherrscher von 361 bis 363 regiert, läßt alte Götterkulte wiederaufleben. In Athen ist er erzogen worden, auf seine griechische Bildung legt er höchsten Wert, den antiken Philosophen fühlt er sich verpflichtet. Den christlichen Gegnern wird er »Apostat«, ein Abtrünniger, doch er fällt auf dem Kriegszug gegen die Perser. Der Christ Jovian (363-364) wird zum Kaiser ausgerufen: »... das heilige Kreuz stößt vor!« (S. 81)

Die Wirkung, die von der neuen christlichen Metropole des Imperium Romanum am Bosporus ausgeht, umspannt die antike Welt. Konstantinopel tritt das Erbe der großen hellenistischen Städte des Ostens an: Alexandria, Antiochia, Ephesos blicken nach Byzanz, dem Zentrum von Philosophie, Theologie und Kunst. Zweihundert Jahre nachdem Konstantin den Grundstein zur Peterskirche in Rom gelegt hatte, wird unter Kaiser Justinian (527-565) die Hagia Sophia feierlich geweiht. Militärische Erfolge in Nordafrika und Italien, eine perfekt organisierte Verwaltung, umfassende Gesetzessammlungen, Förderung der Wissenschaften und eine rege Bautätigkeit in allen Teilen des Reiches sind Grundlagen für ein goldenes Zeitalter. Byzanz erlangt seine größte räumliche Ausdehnung, es umfaßt Griechenland, Italien, Südspanien, Nordafrika, den Balkan, Kleinasien, Armenien, Syrien, die Sinaihalbinsel und Ägypten. Doch kündigt sich der Verfall bereits im Zenit der Epoche an. Wirtschaftliche Probleme, politische Ränke und Gefährdung der Grenzen des Reiches durch Perser und Araber läuten einen Untergang ein, der sich über nahezu neunhundert Jahre hinziehen wird.

Im Kaisertum von Byzanz erblühen und vergehen Dynastien: die Herakliden (610-711), die Syrische Dynastie (717-802), die Amorische Dynastie (820-867), die Makedonischen Kaiser (867-1056), die Familie Dukas (1059-1078), deren letzte Prinzessin den Alexios I. Komninós heiratet, das Geschlecht der Komnenen (1081-1185), die dem Reich unter Andronikos I. seine letzte Blüte bescheren, die Angeloi (1185-1204), die Laskaris (1204-1261) und endlich die Paläologen (1261-1453). Kreuzfahrer aus dem Westen gründen für kurze Zeit ein lateinisches Kaiserreich (1204-1237), kaiserliche Teilreiche bestehen in Nikaia und Trapezunt.

Am Ende der makedonischen Dynastie erlebt Byzanz eine Zeit des Verfalls und der Anarchie. Das Kaisertum wird zum Zankapfel hoher Militärs und des Beamtenadels. Der geniale Feldherr Alexios Komninós, verheiratet mit Eirini Dukas, kann sich eine stabile und dauerhafte Machtposition aufbauen. Nach langen Kämpfen und einer Rebellion wird er 1081 zum Kaiser gekrönt und gründet die Dynastie der Komnenen. Seldschuken im Osten und Normannen im Westen wirft er zurück und erobert weite Gebiete. Im Innern festigt er die kaiserliche Autorität. Sein Sohn Johannes II., der »ungestüme Joannis« (S. 93), wird Thronfolger, zur Erbitterung seiner Schwester Anna Komniní, der Verfasserin der *Alexías*, einer aufschlußreichen, wenn auch panegyrischen Darstellung der Regierungszeit ihres Vaters.

Manuel I. Komninós (1143-1180) war der jüngste Sohn des ungestümen Joannis. Er folgte seinen zwei ganz jung verstorbenen Brüdern auf den Kaiserthron. Vielseitig begabt, doch außenpolitisch nicht erfolgreich, entwirft er ein neues Herrscherideal, das sich an altrömischer *pietas* und christlichem Mönchsideal orientiert. Trotzdem war am Ende seiner Regierung das Ansehen des Reiches erschüttert; in Abhängigkeit von bezahlten Hofastrologen verbrachte er sein Alter (S. 97).

Der endgültige Zerfall des Reichs der *Romäer* (wie sich die Byzantiner selbst nannten) begann dann mit der Herrschaft des Andronikos II. Palaiologos (1282-1328). Religiöse Streitereien verunsicherten die Menschen ebenso wie die Raubzüge katalanischer Söldner, die man gegen die vordringenden Türken zu Hilfe gerufen hatte. Andronikos II., verheiratet mit Anna von Savoyen, erhob seinen Sohn Michael IX. zum Mitkaiser; der starb jedoch vor ihm im Jahre 1320, und ein Bürgerkrieg zwang ihn endlich zur Abdankung zugunsten seines Enkels Andronikos III.

Machtmensch und Drahtzieher der Politik während der Regierung Kaiser Andronikos III. war Joannes Kantakouzinós (1341-1354). Militärisch kann er das Schlimmste verhüten, doch dringen Reiterhorden der Osmanen in Kleinasien weiter vor, Serben erobern das nördliche Griechenland. Beim

Tod Andronikos' 1341 usurpiert Kantakouzinós den Kaisertitel als Mitherrscher des unmündigen Johannes V. Palaiologos. Der »ehrenwerte Herr« besetzt 1347 die Hauptstadt Konstantinopel und wird zusammen mit seiner Frau, der »Dame Eiríni Andronikou Asán« in der Kapelle des Blachernenpalasts – und nicht in der Kathedrale Hagia Sophia – gekrönt (S. 101). Der Talmischmuck und die Regalien, deren Juwelen durch »gefärbtes Glas« ersetzt sind, werden zum Symbol der Verarmung des vom Bürgerkrieg zerrütteten Reichs. Nach seiner erzwungenen Abdankung stirbt Johannes Kantakouzinós als Mönch auf dem Athos.

Scheitern und der unausweichliche Untergang bestehender Macht waren für die Menschen der griechischen Koiné schicksalhafter Bestandteil des Lebens. Dreihundertvierundneunzig Jahre vor Kaiser Julians Regierung und eintausendvierhundertvierundachtzig Jahre vor der Plünderung Konstantinopels verbreitete sich wie ein Lauffeuer die Kunde vom unglücklichen Ausgang der Seeschlacht von Actium. Ob in einer Kleinstadt Kleinasiens oder in der ägyptischen Metropole Alexandria: die Menschen hörten fassungslos von der Niederlage des Marc Anton (S. 59-65). Zwanzig Jahre zuvor hatte im Land am Nil Kleopatra VII. die Herrschaft übernommen. Auf Drängen Caesars schloß sie eine Ehe mit ihrem Bruder Ptolemaios XIV., ließ ihn jedoch bald vergiften. Den unmündigen Sohn, den sie mit Cäsar hatte, das Kaiserchen »Kaisarion«, erhob sie nun zum Mitregenten.
Während Ägypten von Mißernten und Hunger heimgesucht wird, gerät die Königin der Könige zunehmend unter den Einfluß des Marc Anton. Der hofft mit Hilfe Ägyptens seine Macht im Osten zu festigen. Eine schillernde monarchisch-dynastische Hofhaltung sowie die Vergöttlichung der Herrscher täuschen über immense Alltagsprobleme der Bevölkerung hinweg. Der Westen will dies alles schwer begreifen. In einem Propagandafeldzug verleumdet Octavian, »Parodie

seines Caesars« (S. 59) und späterer Augustus, den Marc Anton als Ausverkäufer römischer Interessen und als von Kleopatra verhext. Rom erklärt Kleopatra den Krieg. Am 2. September 31 v. Chr. siegt vor der griechischen Westküste bei Actium die römische Flotte über Kleopatra und Marc Anton. Beide sterben ein Jahr später durch Selbstmord in Alexandria. Der Weg zur »Alleinherrschaft des Caesar«, also des Augustus, ist frei.

Damit war das letzte der Diadochenreiche in der Nachfolge des großen Alexander untergegangen, die glanzvolle Herrschaft der Lagiden am Nil beendet. Begonnen hatte alles mit Alexanders Traum von der Weltherrschaft und seinem Feldzug gegen die Perser »mit den Griechen ohne Spartaner« (S. 27). Nach seinem Sieg am Granikos in Phrygien 334 v. Chr. und der Befreiung der kleinasiatischen Hellenenstädte verbrachte man die Perserbeute mit einer Weiheinschrift nach Griechenland. Mit der Besetzung Ägyptens 332 beginnt die hellenistische Periode in der Geschichte des Landes am Nil. Alexandria, die erste und wichtigste Gründung Alexanders, wird politisch und wirtschaftlich zur Metropole des Mittelmeers. Ein Jahr darauf (331) erfolgt der Großangriff auf Persien. Bei Arbela, geläufiger Gaugamela, wird das »Schrekkensheer« des Dareios »... ganz aufgerieben«. Alexander führt sein Heer weiter nach Baktrien und Indien; er erobert den Indusraum bis zum Meer: »Griechisch: Die Sprache trugen wir bis Baktrien, bis zu den Indern« (S. 29). Der Rückmarsch wird angeordnet, unter großen Verlusten erreicht man Persepolis und Susa. Mitten in der Planung einer Arabienexpedition stirbt Alexander mit dreiunddreißig Jahren am 13. Juni 323 in Babylon. Sein Leichnam wird in Alexandria bestattet. Bis zum heutigen Tag suchen die Archäologen das sagenumwobene Grab, von dem die Alexandriner glauben, es befinde sich unter der Moschee des Propheten Daniel im Herzen der Stadt. Kavafis erzählte hierzu gern folgende

Geschichte: »In der griechischen Gemeinde von Alexandria lebte Mitte des letzten Jahrhunderts ein Kaufmann, der hieß Kirritchi. Eines Abends hatte er in Moharrem Bey zu tun. Er wartete auf einen Kunden, der nicht kam, und trank zwei oder drei Gläser über den Durst. Er ging zum Haus des Kunden, traf ihn auch hier nicht an. Kirritchi berichtete später stets: ›Ich ging also einige Stufen hinunter in einen Keller und sah einen gläsernen Sarg und darin, ganz mit Gold bedeckt, lag Alexander der Große.‹ ... Kirritchi war ein Mann von Kultur, und ich halte seine Geschichte für nicht erfunden!«
Alexanders militärisch-politische Leistung hatte das größte Weltreich der alten Geschichte geschaffen. Er hatte den Orient der griechischen Sprache und Kultur geöffnet, griechische Kultur wurde zur Weltkultur. Es war dies die Geburt der »großen, hellenisch neuen Welt« (S. 27).

Alexanders Generale übernehmen sein Erbe und zerteilen das Großreich in die Diadochenstaaten. In Ägypten herrschen die Ptolemäer, Syrien fällt an die Seleukiden, Kleinasien mit Pergamon an die Attaliden, Makedonien erhalten die Antigoniden. Bereits um 200 v. Chr. bieten diese Staaten kein Bild von Stabilität und Zusammenhang mehr. Machtkämpfe und innerer und äußerer Niedergang vor der Szenerie luxuriöser, phantastischer Hofhaltungen mit einem übertriebenen Zeremoniell der vergöttlichten Herrscher kennzeichnen die Situation, als Rom seine Interessen im Osten anmeldet.
Moira, die Schicksalsgöttin, reiht militärische Niederlage an Niederlage: Der König der Makedonen, Philippos V., wird 197 bei Kynoskephalai in Thessalien von den Römern besiegt. Sein Verbündeter, Antiochos III. von Syrien, Vater von »Antiochos dem Prächtigen«, läßt ihn im Stich, obwohl beide gemeinsame Ahnen haben, und versagt Hilfe, »als Mutter Makedonien versank im Staub der Geschichte« (S. 33). Antiochos versucht seinerseits Einfluß in Griechenland zu ge-

winnen, doch wird auch er sieben Jahre später, 190 v. Chr., in der Schlacht von Magnesía am Sipylos vom römischen Feldherrn Cornelius Scipio geschlagen. Das Seleukidenreich hatte seine Führungsrolle verloren. Antiochos' Enkel, der »Erretter« Demetrios (162-150 v. Chr.), wächst als Geisel in Rom auf; sein Versuch, Syrien der Herrschaft zweier Abenteurer, Herakleides und Alexander Balas, zu entreißen, scheitert (S. 37-39).

Die Verhältnisse blieben instabil. In Griechenland herrschten soziale Unruhen, die sich König Perseus von Makedonien zunutze machte, um den Einfluß Roms zurückzudrängen. Rom entschloß sich daraufhin zum Eingreifen und vernichtete das Heer des Perseus und seiner Verbündeten 168 in der Schlacht bei Pydna. »Das bittre ›Aus‹« für den Staat der Makedonen war »schnell« gekommen (S. 35). Führende Politiker, Wissenschaftler und Künstler Griechenlands wurden nach Italien deportiert, Achaia mußte tausend Geiseln stellen. Im Jahr 147 erhoben sich die Achaier zusammen mit Bundesgenossen der Peloponnes gegen die römische Fremdherrschaft. Unter Führung der unfähigen Strategen Díaios und Kritólaos begann ein aussichtsloser Kampf. Nach der Zerstörung Korinths 146 ist das Ende der politischen Selbständigkeit Griechenlands erreicht. Die griechischen Staaten werden einer römischen Provinz Makedonien unterstellt, ungeheure Mengen an Kunstwerken und Wirtschaftsgütern nach Italien verschifft.

Ehrenvoll und zum Scheitern verurteilt war der Kampf der »herrlich Gefallenen ... an denen Díaios und Kritólaos schuldig wurden« (S. 51). Unwillkürlich denkt man an die dreihundert Spartaner, die am Engpaß der Thermopylen 480 v. Chr. ihr Leben gaben, obwohl sie voraussahen, »daß (der Verräter aus den eigenen Reihen) Ephialtes schließlich naht und daß am Ende die Meder durchbrechen« (S. 23).

Wo die Menschen versagen, helfen da noch die Götter? Wo hält sich Zeus verborgen, »Vater der Götter und Menschen«

(Homer), und der »Gott von Delphi«, Apollon? Neben der Erhabenheit seines Vaters Zeus verkörpert dessen flammende Erscheinung göttlichen Adel, Unnahbarkeit, Entschiedenheit des Geistes, Reinheit und grausamen Zorn. Homer beschreibt ihn in seiner Schrecklichkeit, wie er vom Olymp herabsteigt, mit gleißenden Pfeilen in seinem Köcher (Ilias I,44), und nach Troja eilt. Apollon vermag ihm liebe Menschen zu retten, auch kann er in die Dienstbarkeit der Menschen treten, doch drohend erhebt er sich gegen den, der es wagt, sich zu überheben. Das Gebot des delphischen Apollon betont die »Menschlichkeit« hart und streng: »Erkenne dich, Mensch, in deiner Sterblichkeit!« und »Besinne dich, und wolle nicht gleich sein den Göttern, da das Geschlecht der am Boden wandelnden Menschen niemals gleich ist dem der unsterblichen Götter.« So gestaltet Kavafis Zeus und Apollon in scheinbarer Verbundenheit mit den Menschen, um dann menschliche Schwächen, »Treulosigkeit« und »Jammer«, bei ihnen festzustellen. Zeus ärgert sich über sein unbedachtes Geschenk auf der Hochzeit des Peleus, zwei unsterbliche Pferde, weil ihn die Tränen der edlen Tiere über den Tod von Achills Freund Patroklos traurig machen: »Was sucht ihr dort, unter elenden Menschen, Spielzeugen des Schicksals... In ihre Pein haben die Menschen euch verflochten« (S. 19). Und wo war der Sänger Apollon, »wo war der Dichter, der an Festtafeln so schöne Worte sprach«, als Achill in freier Wahl die Rache für den geliebten Freund und damit den eigenen Tod auf sich nimmt? Wie ein gemeiner Strolch betrügt er Thetis, die Mutter Achills: »Er aber selbst, der Sänger ... ist des Sohnes Mörder.« (S. 11) So erfahren unter den Augen der Götter nicht nur die Griechen vor Troja das Menschliche als tragischen Versuch der Überwindung der Bedingungen unseres Daseins, auch wir selbst müssen uns als »Stürzende ... wie die Troer« (S. 15) erkennen.

In Ägypten stirbt ein junger, schöner Mann, von allen Freunden geliebt und daher zutiefst betrauert. Im Monat der Göttin

Hathor ist es geschehen: Sie ist die Liebesgöttin und liebstes Kind des Gottes *Re*. Doch Hathor ist grausam, blutdürstig und lebenzerstörend. Die Liebe übergibt sie stets dem Tod, als deren Gegenbild. Eine verwitterte Inschrift besagt, daß der verstorbene *Levkios* ein junger Christ des Nillandes war (S. 69), ebenso wie *Myris* (S. 73). Ihr jugendlicher, apollongleicher Gott konnte sie wohl nicht vor dem Tod erretten. Ihren heidnischen Freunden und Mitbürgern bleiben die christlichen Riten und Bräuche noch lange fremd.

Betrug und Täuschung, Fallen und tapferes Ausharren, Ängste und böse Vorhaben, stolze Erwartungen und vergebliches Mühen sind die Themen des Dichters Kavafis. Die Dramaturgie der Personen und Ereignisse ist dicht, auf der Bühne sind die hellenistische Welt und das sterbende Byzanz, Kleinasien, Syrien, Ägypten, der ›melting pot‹ des östlichen Mittelmeers mit der »Wirkung behutsam verwandelnder Macht«, die Zentren, wo das Durcheinander groß ist: Alexandria, Antiochia, Konstantinopel . . .
All dem galt das Augenmerk des Dichters und ein lebenslanges Studium der Geschichte der griechischen Koiné. Konstantinos Petrou Kavafis wurde am 29. April 1863 in Alexandria ad Aegyptum als Sohn wohlhabender, aus Konstantinopel stammender Eltern geboren. Nach dem frühen Tod des Vaters übersiedelte der Neunjährige mit der übrigen Familie – er war der jüngste von sechs Brüdern – nach Liverpool, wo eine Geschäftsfiliale des väterlichen Unternehmens eingerichtet war. Nach dem Konkurs der Firma kehrte die Mutter mit dem vierzehnjährigen Konstantin nach Alexandria zurück, flüchtete aber fünf Jahre später mit ihren sieben Söhnen zum Großvater nach Konstantinopel, um den Ausschreitungen der Arabi-Pascha-Erhebung zu entgehen, die sich gegen die nichtarabische Bevölkerung Ägyptens richtete. In der Metropole am Bosporos findet Kavafis seine Wurzeln: Hier lebten seine Ahnen, hier ist Historie greifbar, in jedem Stadtteil, in

den Stimmen und in den Gerüchen der Luft, die von Europa oder aus Asien herüberwehen. Als Kavafis zweiundzwanzig Jahre alt wird, kehrt man nach Alexandria zurück. Mit neunundzwanzig erhält er eine feste Stellung als Beamter im Ministerium für Wasserwirtschaft, die er dreißig Jahre innehaben wird. Die Geschwister heiraten oder ziehen ins Ausland, Kavafis lebt weiterhin zusammen mit seiner Mutter, die er, sicher nicht nur liebevoll, die »kleine Dicke« nennt, unter einem Dach, im alten Familienhaus. Sein Privatleben wird kontrolliert von der Familie und der Gesellschaft Alexandrias, an deren Spitze man sich immer noch wähnt. Die Arbeit als Beamter läßt Kavafis genug Zeit, sich ganz der Dichtung zu widmen. Mit den Jahren verfaßt er nicht nur sehr persönliche Gedichte, homoerotische Liebesgedichte, die keinen Zweifel am Geschlecht des geliebten Menschen lassen und die Früchte der nächtlichen Abenteuer des Dichters sind.

Darüber hinaus entstehen historische Gedichte, die für das Verständnis der Person und der Welt des Konstantin Kavafis grundlegend werden. Zur Vorbereitung verbringt der Dichter seine freien Nachmittage in der Bibliothek des Patriarchats von Alexandria oder in den neugegründeten Museen. Er studiert Schriftquellen und Urkunden, betreibt genealogische und heraldische Forschungen zu den eigenen wie den alten Familien aus Konstantinopel, er entziffert Inschriften, verweilt über Münzsammlungen, betrachtet immer wieder Kunstwerke und Porträts der Ptolemäerzeit. Er kennt die Werke byzantinischer Schriftsteller, etwa die *Alexías* der Anna Komniní, ebenso wie die Schriften antiker Autoren: Plutarch, Polybios, Philostratos, Flavius Josephus, Eusebios. Sein ungeheures Wissen und die eigene Erfahrung verschmelzen zu einer Einheit, eigene Emotionen und Phantasien entzünden sich wiederum am Wissen: »Zu Ende war ich mit meiner Lektüre, hätte das Buch beiseite gelegt, doch ein kleines, unbedeutendes Mal König Kaisarions gab plötzlich wieder Nahrung meiner Phantasie ...« Was seine Phantasien entzündet und was ihn anrührt: sich selbst in seine Gedichte völlig einzubringen und so uns, die Leser späterer Zeiten, zu erreichen, wird tiefstes Anliegen Kavafis'. Während »der Künstler sein Werk über alles andere stellt, sich seinem Werk zuliebe selbst zerstört« (Glavkos Alithersis), verblaßt allmählich der Alltag, und das eigentliche Leben erhält zweitrangige Bedeutung. Die etwas verkommene Wohnung in der Rue Lepsius, Anzüge, die nicht mehr der Mode entsprechen, Hausangestellte, die alt werden und schlecht sorgen, die Gebrechen und die Häßlichkeit des Alters, schließlich eine Krebserkrankung in den späten Jahren, die in Athen behandelt werden soll.

Lawrence Durrell sprach von Alexandria als der »Hauptstadt des Erinnerns, der große, gläserne Dampfer, der hier, am Horn von Afrika verankert, im Schlaf liegt ...«, ein Luxusliner, der nicht mehr ablegt zur großen Fahrt. Konstantinos Kavafis war Stammgast auf diesem Dampfer. »Er sitzt, fast unsichtbar, im Sessel, das Fenster stets in seinem Rücken. Hinter seiner Brille, riesig und allsichtig, betrachtet er seines Gesprächs Gegenüber, in verschwenderischem Licht, verborgen er in seinen Wörtern, in der Geschichte, seinen Figuren, entfernt, ungerührt ...« (Jannis Ritsos). Zu Hause war Kavafis in der» großen, hellenisch neuen Welt«.

Konstantinos Kavafis ist an seinem siebzigsten Geburtstag, dem 29. April 1933, in Alexandria gestorben.

Michael Schroeder

ZU DIESER AUSGABE:

Der griechische Text der in einer Auswahl vorgelegten Gedichte folgt der Ausgabe:
Κ. Π. Καβάφη, Ποιήματα (1897-1933). Στιχαριθμημένη έκδοση φροντισμένη από τον Γ. Π. Σαββίδη. (Αθήναι) Ικαρος 1984
K. P. Kavafis, Gedichte. Herausgegeben von G. P. Savvidis. Ikaros, Athen 1984

Für das Nachwort verwendete Literatur:
Τίμου Μαλάνου, Περὶ Καβάφη (Alexandria 1935)
Timos Malanos, Über Kavafis

Τίμου Μαλάνου, Ὁ Ποιητὴς Κ. Π. Καβάφης (Athen 1957)
Timos Malanos, Der Dichter K. P. Kavafis

Σεφέρη, Κ. Π. Καβάφης, Θ. Σ. Ἔλιοτ; Παράλληλοι
Giorgos Seferis, K. P. Kavafis, T. S. Eliot; Parallelen
Rede, die Giorgos Seferis am 17. Dezember 1946 im Britischen Institut Athen hielt. In: Giorgos Seferis, Alles voller Götter. Bibliothek Suhrkamp 1065.

Γλαύκου Ἀλιθέρση, Τὸ πρόβλημα τοῦ Καβάφη (Alexandria 1934)
Glavkos Alithersis, Das Phänomen Kavafis

Seite 17: Bronzener Schild, *Mitra* genannt, der den Unterleib eines Kriegers schützte und am Bauchende des Brustpanzers eingehängt wurde. Innerhalb einer Zierleiste sind zwei einander zugewandte Pferdeprotome dargestellt, mit eindrucksvoll geweiteten Augen und fein ziselierten Mähnen und Muskelpartien.
Bronzemitra, kretisch, 7. Jh. v.Chr.; New York, Metropolitan Museum

Seite 21: Stele eines »Waffenläufers«. Der Krieger ist in die Knie gegangen, den Oberkörper dreht er dem Betrachter zu. Mit den Händen greift er zur Brust. Den Kopf hält er gesenkt. Unter dem Helm mit langem Roßhaarbusch fallen schöngedrehte Zöpfe auf die Schultern herab.
Marmorstele, attisch, um 520/10 v.Chr.; Höhe: 1,02 m. Athen, Nationalmuseum

Seite 25: Alexander der Große in der Schlacht von Gaugamela (Arbela, S. 27): »Alexander suchte die besiegten Feinde auf die Mitte zu werfen, da dort (der Perserkönig) Dareios seinen Platz hatte. Eine zahlreiche Reiterschar, trefflich gerüstet, die den Wagen dicht umschloß, deckte den König und war festen Mutes, den Feinden tapferen Widerstand zu leisten. Aber Alexander ward ihnen, je näher er kam, desto furchtbarer. . .« (*Plutarch, Vita Alexandri 33*) Die Darstellung auf dem Mosaik trägt durch das aufgeworfene Stirnhaar (*Anastolé*), den Backenbart und die großen, geweiteten Augen (Zeichen der Vergöttlichung) eindeutige Porträtzüge.
Sog. Alexandermosaik, nach einem griechischen Vorbild um 317 v.Chr.; Neapel, Museo Nazionale

Seite 31: Porträt Antiochos III. von Syrien, Vater von »Antiochos dem Prächtigen« (S. 35) und Großvater von »Demetrios dem Erretter« (S. 37), der als Geisel in Rom aufwuchs. In der Schlacht bei Kynoskephalai läßt Antiochos den mit ihm verbündeten Makedonenkönig Philippos im Stich: »Mutter Makedonien versank im Staub der Geschichte« (S. 33). Antiochos III. wird sieben Jahre später, 190

v. Chr., in der Schlacht von Magnesía vernichtet. Das Münzporträt gibt authentische Gesichtszüge wieder.
Tetradrachme Antiochos III., ostgriechisch, um 200 v. Chr.; London, British Museum

Seite 45: Lagidenherrscher. Abgebildet ist Ptolemaios IV. Philopator. Die etwas feisten Gesichtszüge mit dem fliehenden Kinn wurden vom Stempelschneider der Münze fein herausgearbeitet. Der König trägt eine schmale Herrscherbinde mit Strahlenkranz.
Silbertetradrachme Ptolemaios IV., Ende 3. Jh. v. Chr.; London, British Museum

Seite 49: Die Brüder *Hypnos* (Schlaf) und *Thanatos* (Tod), dargestellt als geflügelte, bärtige Krieger, mit roßhaarbeschweiften Helmen und Brustpanzer, tragen den leblosen Körper eines gefallenen Jünglings vom Schlachtfeld. Seine Augen sind geschlossen, sein lockiger Kopf und die Arme fallen schlaff herab, die Beine wirken wie schon erstarrt.
Figürlicher Deckelgriff, Bronze, Höhe: 13 cm, zweite Hälfte 4. Jh. v. Chr.; Cleveland, Ohio, Museum of Art

Seite 53: Kleopatra VII. Philopator, letzte Königin der über Ägypten in der Nachfolge Alexanders d. Gr. herrschenden Ptolemäer. Geboren 69 v. Chr., machte die Herrscherin nach der verlorenen Schlacht bei Actium ihrem Leben am 12. August 30 v. Chr. ein Ende – ob durch Gift oder Schlangenbiß, ist ungeklärt. Kleopatra war keineswegs schön, was ihre Münzporträts beweisen, dafür aber galt sie als charmant, klug, sehr sprachbegabt und zielbewußt.
Marmorporträt Kleopatra VII., Ende 1. Jh. v. Chr.; Berlin, Antikensammlung, Staatliche Museen Preußischer Kulturbesitz

Seite 63: Bildnis des Marc Anton, in jüngeren Jahren, als sein Stern leuchtete, seine Taten glücklich waren und er »Entwürfe für sein Leben machte« (S. 65). Der Künstler, der diesen kostbaren Amethyst schnitt, hat sein Werk signiert: Gnaios. Er lebte am numidischen Hof der Kleopatra Selene, der Tochter Marc Antons und der Kleopatra. Vielleicht ist das Porträt zur Erinnerung postum in Auftrag gegeben worden.
Amethystintaglio Marc Anton, um 30 v. Chr.; Sammlung Ionides, Inv. Nr. 18

Seite 71: Mumienporträt eines jungen Mannes aus Ägypten. Solche Wachs- oder Eitemperamalereien auf Holz wurden zu Lebzeiten des dargestellten Menschen angefertigt und im Haus als Porträtbildnis aufgestellt. Beim Tod der Person wickelte man das Bild über dem Antlitz des Verstorbenen in die Mumie ein. Der Jüngling hält ein Rosensträußchen und einen Olivenzweig in den Händen. Er trägt eine weiße Tunika mit zwei Purpurstreifen.
Mumienporträt, Wachsmalerei auf Holz, Höhe: 40 cm, Breite: 28 cm, aus Antinoë (Ägypten). Dijon, Musée des Beaux-Arts

Seite 82/83: Reliquienprozession von Priestern und Laien zur Einweihung einer neuerrichteten Kirche: Die Dacharbeiten sind noch nicht abgeschlossen. Von der linken Bildseite her nähert sich der Zug der Geistlichen und Gläubigen. In einem Wagen werden kostbare Reliquien und Altargerät mitgeführt. Eine Kaiserin steht in großem Ornat und mit einem Kreuz vor dem Gotteshaus. Zahlreiche Schaulustige verfolgen das Geschehen auf der Straße und von den Fenstern der anliegenden Gebäude aus.
Elfenbeintafel mit Relief, byzantinisch (oder alexandrinisch), Höhe 13 cm, Breite 26 cm, Ende 6. Jh. n. Chr.; Domschatz der Hohen Domkirche, Trier

Seite 91: Kaiserin Eirini Komniní (1066-1123), geborene Prinzessin Dukas, Gattin des Kaisers Alexios Komninós. Sie ist die Mutter des »ungestümen Joannis« und der Anna Komniní, die sie in der *Alexías III,3* wie folgt beschreibt: »Meine Mutter, die Basilis Eirini, erhob sich wie ein sprießender und immer blühender Zweig, an jeder Stelle ihres Körpers waren Fülle und Schlankheit in richtigem Maße verteilt. Ihr Antlitz sandte den Glanz des Mondes aus, war aber nicht ganz kreisrund. Ihr Auge war von hellem Blau und blickte Scheu einflößend und liebreizend zugleich. Ihre Lippen waren oft geschlossen und boten das Bild einer Schweigenden, eine beseelte Statue der Schönheit und ein lebendes Bildwerk der Harmonie.« Die Kaiserin ist im Krönungsornat dargestellt, in den Händen hält sie eine Urkunde.
Mosaik auf der Südempore der Hagia Sophia, byzantinisch, 12. Jh.; Istanbul

Seite 95: »Bescheiden, als Mönch, im geringsten Kleid« hat sich auf dieser Buchmalerei ein Kaiser in seinen Greisenjahren malen lassen: Es ist Joannes Kantakouzinós (1341-1354). Er und seine Frau, die »Dame Eirini«, Tochter von Kaiser Andronikos, »krönten sich mit Flitter aus eingefärbtem Glas« (S. 101) in der Kapelle des Blachernenpalasts. Nach seiner erzwungenen Abdankung starb der Kaiser als Mönch auf dem Athos.
Buchmalerei, byzantinisch, um 1370. Cod. gr. 1242, fol 123 v.; Paris, Bibliothèque Nationale

Seite 99: Christus krönt das Herrscherpaar von Byzanz. Die Krönung des Kaisers und der Kaiserin durch den Patriarchen von Konstantinopel war nicht unbedingt konstitutiv für die Gültigkeit einer Erhebung zum Kaiser; wichtiger war die Proklamation und Akklamation durch das Heer, den Senat, den Adel und das Volk von Byzanz. Die Elfenbeinplatte aus dem 10. Jh. zeigt Christus, als Weltenherrscher dreistufig überhöht und somit entfernt von den zu Krönenden. Kaiser und Kaiserin tragen die vorgeschriebenen, kostbaren, mit Juwelen besetzten mehrteiligen Ornate. Nimbusgeschmückt senken sich die Kronen auf ihre Häupter: »Das Diadem des Basileus umschließt das Haupt wie eine geschlossene Halbkugel, auf allen Seiten mit Perlen und Edelsteinen geschmückt, teils inkrustiert, teils frei herabhängend; auf beiden Seiten hängen an den Schläfen Schnüre von Perlen und Edelsteinen herab, die die Wangen berühren; das ist ein Spezifikum des kaiserlichen Ornats« (*Alexías III, 4*).
Elfenbeinplatte mit Relief, byzantinisch, Höhe: 24,5 cm, um 950; Paris, Bibliothèque Nationale, Cabinet des Médailles

ΠΙΕΡΙΕΧΟΜΕΝΑ

INHALT

Suhrkamp Verlag GmbH
Torstraße 44, 10119 Berlin
info@suhrkamp.de
www.suhrkamp.de